鎌倉幕府と執権北条氏の謎99

中丸 満 著
かみゆ歴史編集部 編

イースト新書Q

Q076

はじめに

海外で活躍するスポーツ選手や日本代表チームが、しばしば「サムライ」などと呼ばれるように、サムライ＝武士は「戦う日本人」を表す象徴的な用語として用いられることが多い。それが当の日本人にも違和感なく受け入れられる根底に、日本における武家政権の長い歴史が横たわっていることは間違いないだろう。

日本では平清盛《たいらのきよもり》が政権を掌握してから徳川慶喜《とくがわよしのぶ》による大政奉還《たいせいほうかん》までの約７００年間、武家政権が断続的に続いた。武人による長期支配は東アジア全体でも珍しく、中国の歴代王朝やその影響下にあった朝鮮が、儒教思想により武力をタブー視し、武よりも文を重視したのとは対照的であった。その意味で12世紀末の武家政権の誕生は、律令《りつりょう》国家の成立と明治維新に並ぶ日本史のターニングポイントといえる。しかも、ほかの二つが先進国を範《はん》としたのに対し、武家政権は当時の日本人が政治的矛盾に立ち向かい、自ら模索《もさく》して選び取った道であり、日本を日本たらしめる独自の歴史や社会を形成する大きな力となった。

このように日本史に大きな影響を与えた武家政権成立の過程を、Q＆A形式で記したのが本書である。源平の誕生から鎌倉幕府の樹立を経て、承久《じょうきゅう》の乱により武士が朝廷を超える権力を手にするまでを、源氏と平氏、北条氏ら「武家の棟梁《とうりょう》」の視点から記した。

第1章は「武家政権の成立」である。天皇家の末端から武門の双璧《そうへき》である源氏と平氏が生まれ、平清盛が武力で実権を握り初の武家政権を樹立。だが、平氏の独裁は全国的な内乱を招き、関東で挙兵した源頼朝《みなもとのよりとも》に滅ぼされる。第2章は「鎌倉幕府の樹立」に焦点をあてた。頼朝が弟・義経《よしつね》との対立を利用して全国制覇をなしとげ、オンリーワンの武家の棟梁となる。第3章は「御家人の内紛」だ。頼朝の死後、御家人の主導権争いが激化し、頼朝の妻・政子の実家の北条氏が実権を握り、最高実力者である執権に上りつめる。

第4章は武士の覇権を決定づけた「承久の乱」である。3代将軍・源実朝《さねとも》の暗殺後、朝廷と幕府の関係は悪化し、後鳥羽上皇は北条義時追討《よしときついとう》を発令。幕府は一丸となって京方を破り全国政権へ飛躍する。そして、第5章では「乱後の鎌倉」にスポットをあて、北条義時の死、執権《しっけん》政治から得宗《とくそう》専制への移行、幕府の滅亡までを北条得宗家を中心に概観《がいかん》する。

激動の時代の中で源平の棟梁や北条氏、御家人《ごけにん》たちは生き残りをかけて、どのように戦い、そして滅びていったのか。本書がその理解と共感への第一歩になれば幸いである。

中丸　満

●目次

2章 頼朝の幕府草創はなぜ成功したのか

3章 暗躍する北条義時

4章 承久の乱と後鳥羽上皇

5章 承久の乱後の鎌倉幕府

桓武平氏略系図

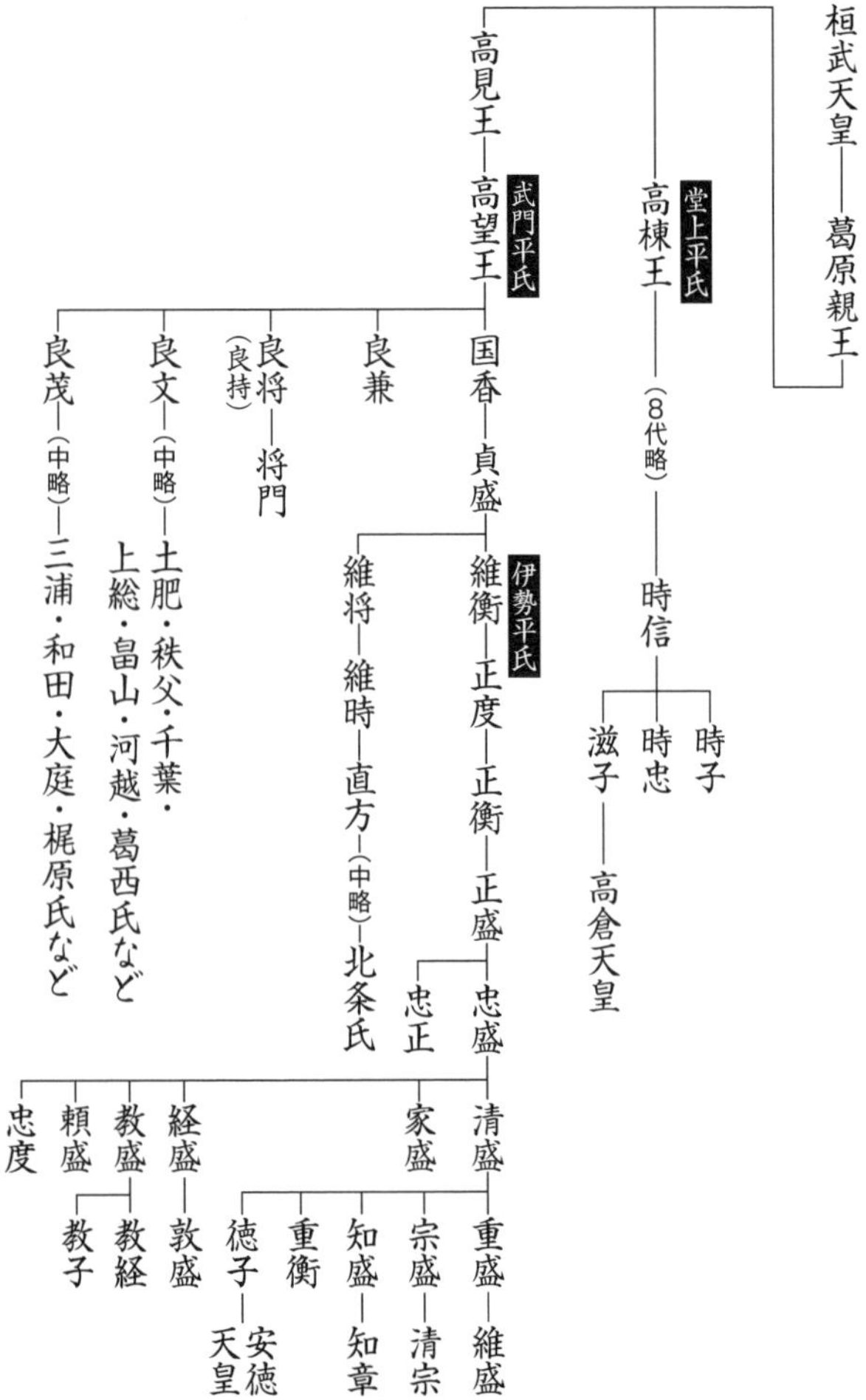

桓武天皇
葛原親王
高見王
高望王
武門平氏
高棟王
堂上平氏
(8代略)
時信
時子
時忠
滋子
高倉天皇
国香
良兼
良将(良持)
将門
良文
(中略)
土肥・秩父・千葉・上総・畠山・河越・葛西氏など
良茂
(中略)
三浦・和田・大庭・梶原氏など
貞盛
維衡
伊勢平氏
維将
維時
直方
(中略)
北条氏
正度
正衡
正盛
忠正
忠盛
清盛
家盛
経盛
教盛
頼盛
忠度
重盛
維盛
宗盛
清宗
知盛
知章
重衡
徳子
安徳天皇
敦盛
教経
教子

清和源氏略系図

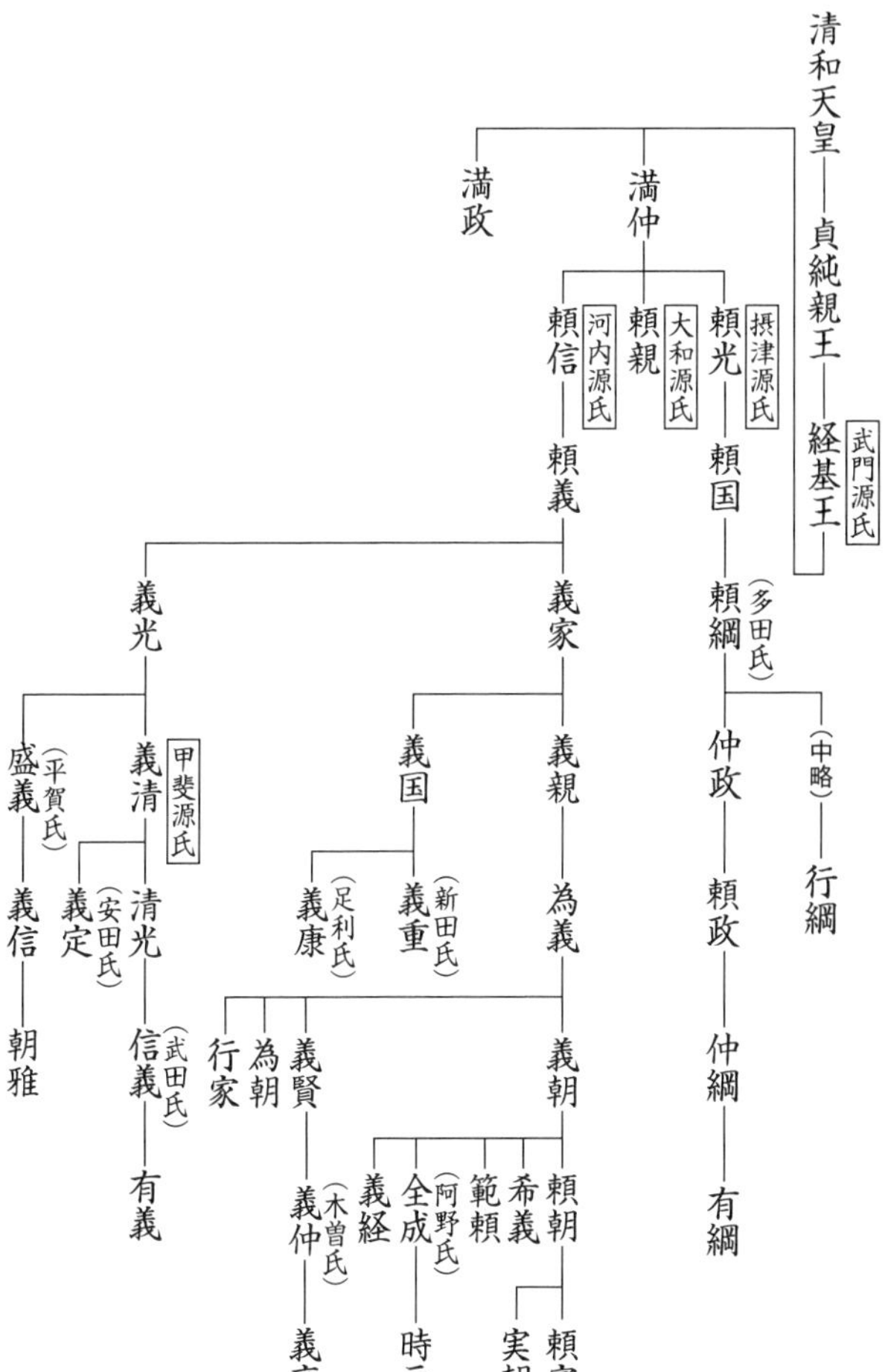
清和天皇
貞純親王
経基王
武門源氏
満仲
満政
頼光
摂津源氏
頼親
大和源氏
頼信
河内源氏
頼国
頼綱
（多田氏）
（中略）
行綱
仲政
頼政
仲綱
有綱
頼義
義家
義光
義親
為義
義朝
頼朝
頼家
実朝
希義
範頼
全成
（阿野氏）
時元
義経
義賢
義仲
（木曽氏）
義高
為朝
行家
義国
義重
（新田氏）
義康
（足利氏）
義清
甲斐源氏
清光
信義
（武田氏）
有義
義定
（安田氏）
盛義
（平賀氏）
義信
朝雅

北条氏略系図

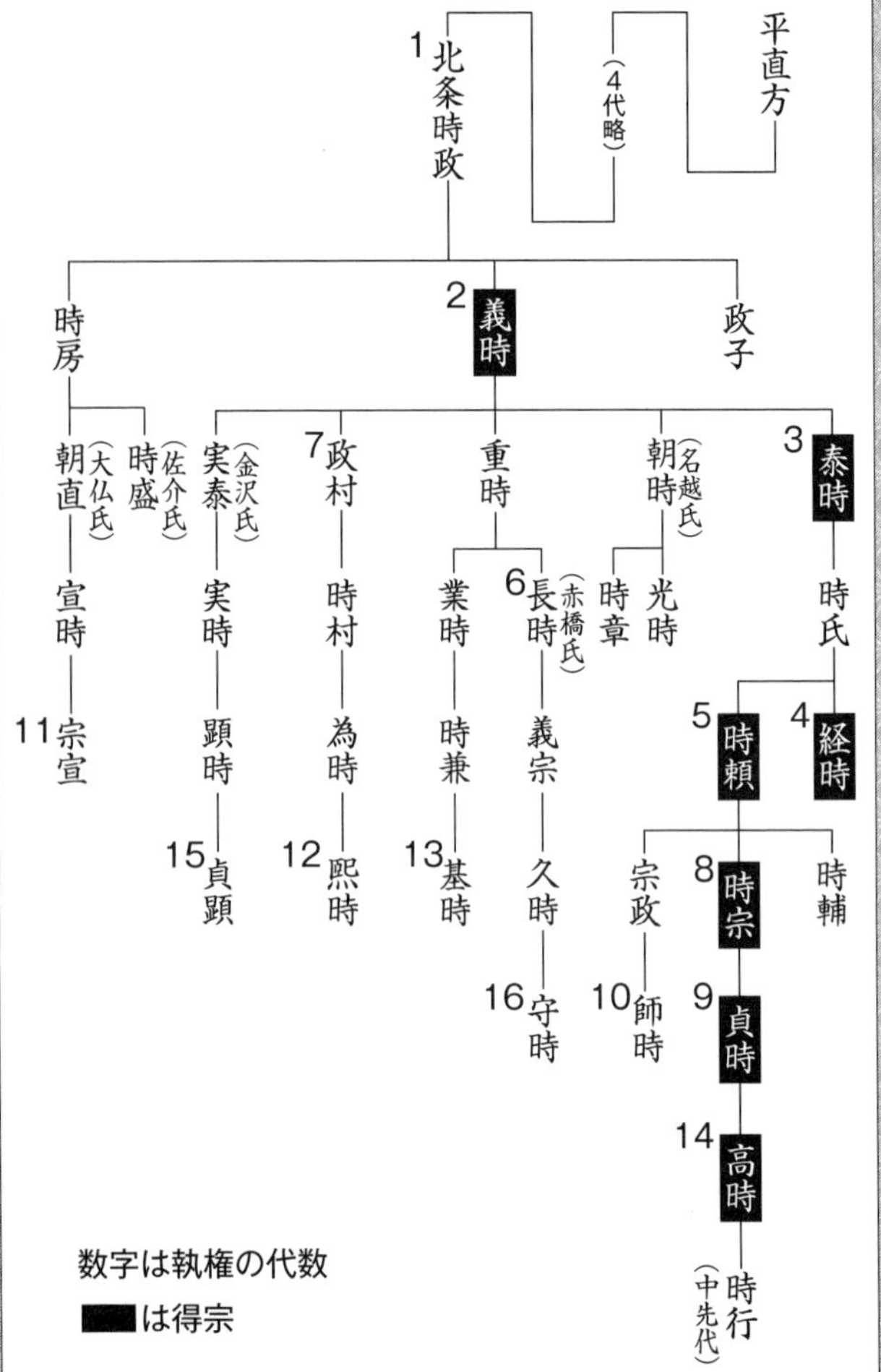

平直方
(4代略)
1 北条時政
時房
2 義時
政子
朝直(大仏氏)
時盛(佐介氏)
実泰(金沢氏)
7 政村
重時
朝時(名越氏)
3 泰時
宣時
実時
時村
業時
6 長時(赤橋氏)
時章
光時
時氏
11 宗宣
顕時
為時
時兼
義宗
5 時頼
4 経時
15 貞顕
12 煕時
13 基時
久時
宗政
8 時宗
時輔
16 守時
10 師時
9 貞時
14 高時
時行(中先代)
数字は執権の代数
は得宗

鎌倉幕府執権一覧

代数	執権名	生没年 （在職年）	出来事
1	北条時政	1138～1215 （1203～05）	頼朝の挙兵を助けつつ、幕府における権力基盤を確固たるものにした。
2	北条義時	1163～1224 （1205～24）	執権政治の基礎を築き、承久の乱で追討の対象となったが、後鳥羽院に勝利した。
3	北条泰時	1183～1242 （1224～42）	頼朝以来の慣例や武家社会の慣習をまとめた「御成敗式目」を制定した。
4	北条経時	1224～46 （1242～46）	訴訟制度の改革に尽力し、判決文を将軍が閲覧する手続きを省略した。
5	北条時頼	1227～63 （1246～56）	訴訟の迅速化や御家人の負担軽減のため、引付の設置など幕政改革に着手した。
6	北条長時	1230～64 （1256～64）	六波羅探題を務めていたが、時頼の隠居に伴い執権となった。
7	北条政村	1205～73 （1264～68）	評定衆·引付衆·連署を経て執権に就任。時宗に執権を譲り、その補佐をした。
8	北条時宗	1251～84 （1268～84）	文永·弘安と2度にわたる蒙古襲来に対応し、国防体制を整備した。
9	北条貞時	1272～1311 （1284～1301）	恐怖政治を敷いていた内管領の平頼綱を滅ぼし、時宗期の政治体制をめざした。
10	北条師時	1275～1311 （1301～11）	貞時の出家に伴い執権に就任。高時が成人になるまでの中継ぎを期待された。
11	北条宗宣	1259～1312 （1311～12）	師時の連署となり、師時の死後執権に就任するも、病のため辞任し出家した。
12	北条熙時	1279～1315 （1312～15）	宗宣の出家により執権に就任するも、内管領の長崎円喜が実権を握っていた。
13	北条基時	1286～1333 （1315～16）	病の熙時に代わって就任。元弘の乱で新田義貞軍と戦うも、東勝寺で自刃した。
14	北条高時	1304～33 （1316～26）	内管領の長崎高資が実権を握ったことで、政治的混乱を招き、元弘の乱が起きた。
15	北条貞顕	1278～1333 （1326）	執権就任後わずか10日ほどで辞任。祖父·実時が設けた金沢文庫の整備に努めた。
16	北条守時	1295～1333 （1326～33）	最後の執権。新田義貞の軍勢に対抗するも洲崎まで撤退し、自刃。妹は足利尊氏の正室。

平安時代後期～鎌倉時代　略年表

実力者	年	出来事
後白河天皇	保元元年（1156）	**保元の乱**が起こる→Q4
	平治元年（1159）	**平治の乱**が起こる→Q5、6、7
平清盛	仁安2年（1167）	平清盛が太政大臣となる→Q9
	治承元年（1177）	平氏打倒の計画（鹿ケ谷事件）が発覚→Q9
	治承4年（1180）	**治承・寿永の乱が始まる**（～1185）→Q12、27
		源頼朝が挙兵する→Q13、14、15、37
		木曽義仲が挙兵する→Q17
後白河法皇	養和元年（1181）	平清盛が死亡する→Q16
	寿永2年（1183）	平氏が都落ちしたのち、木曽義仲が入京する→Q18、21
		源頼朝の東国支配が朝廷に認められる→Q19、37
	元暦元年（1184）	源頼朝が公文所・問注所を設置する→Q37
源頼朝	文治元年（1185）	**壇ノ浦の戦いで平氏が滅亡**→Q26、42
		源頼朝が守護・地頭の設置を公認される→Q30、37
	文治5年（1189）	源頼朝が奥州藤原氏を滅亡させる→Q35

将軍	執権	年	出来事
源頼朝		建久3年（1192）	源頼朝が征夷大将軍に就任↓Q37
		建久10年（1199）	源頼朝が死亡する↓Q44
源頼家			十三人の合議制が敷かれる↓Q46
		建仁3年（1203）	比企一族が滅ぼされる（比企能員の乱）↓Q48
源実朝	北条時政	元久2年（1205）	北条時政が謀反を企てたとして追放される（牧氏の変）↓Q52
	北条義時	建保元年（1213）	和田義盛が挙兵して敗れる（和田合戦）↓Q53、54
		承久元年（1219）	源実朝が公暁に暗殺される↓Q57、58、59
（不在）		承久3年（1221）	**承久の乱が勃発**する↓Q61、64、65、66、67、69、70、71、72、76、77、78、80
			美濃・尾張国境で幕府と京方が激突↓Q73
			瀬田の戦い↓Q74
			宇治川の戦い↓Q75
			六波羅探題が設置される↓Q79
			後鳥羽上皇が流罪となる↓Q81
	北条泰時	元仁元年（1224）	北条義時が死去し、伊賀氏の変が起きる↓Q83
		嘉禄元年（1225）	**連署、評定衆が設置され執権政治が確立**↓Q87

将軍	執権	年	出来事
九条頼経	北条泰時	嘉禄2年(1226)	九条頼経が将軍となる(摂家将軍の誕生)↓Q87
		貞永元年(1232)	御成敗式目が制定される↓Q88
九条頼嗣	北条時頼	寛元4年(1246)	名越光時らが失脚し、九条頼経が京に送還される(宮騒動)↓Q91
		宝治元年(1247)	三浦氏が滅亡する(宝治合戦)↓Q91
宗尊親王		建長4年(1252)	宗尊親王が将軍となる(宮将軍の誕生)↓Q92
		康元元年(1256)	**北条時頼が執権を辞任するも実権を掌握(得宗専制の始まり)↓Q90、94**
惟康親王	北条時宗	文永11年(1274)	**文永の役↓Q95**
		弘安4年(1281)	**弘安の役↓Q95**
	北条貞時	弘安8年(1285)	安達氏が滅亡(霜月騒動)↓Q96
久明親王		永仁元年(1293)	内管領の平頼綱が滅亡(平禅門の乱)↓Q97
		永仁5年(1297)	永仁の徳政令を発令↓Q97
	北条師時	嘉元3年(1305)	北条宗方が北条時村を殺害(嘉元の乱)↓Q97
守邦親王	北条高時	正中元年(1324)	後醍醐天皇の討幕計画が露見(正中の変)
		嘉暦元年(1326)	北条高時が辞任、後任の金沢貞顕も辞任↓Q99
	北条守時	元弘3年(1333)	**鎌倉幕府が滅亡↓Q99**

1章

源平合戦をめぐる謎

Q1 宿命のライバル、平氏と源氏はどのように生まれた？

平安時代初頭、皇子《おうじ》・皇女《こうじょ》が急速に増加し朝廷の財政を圧迫したため、皇族に姓を与えて臣下に降す臣籍降下《しんせきこうか》がさかんに行われた。こうした賜姓《しせい》皇族のうち後世、武士の家として発展したのが桓武《かんむ》天皇の血を引く武門平氏と清和《せいわ》天皇の末裔である武門源氏である。武士と貴族は対立するものとみられがちだが、その源流は貴族の頂点に立つ天皇家にあった。

武門平氏は9世紀末、桓武天皇の曽孫・高望王《たかもちおう》が平の姓を授けられ、関東に赴任したことに始まる。高望王の子孫は下総《しもふさ》や武蔵《むさし》など関東各地に土着《どちゃく》し坂東《ばんどう》平氏として繁栄。中でも、高望の孫・貞盛《さだもり》は、天慶《てんぎょう》2年（939）、朝廷に背いて関東一帯を占領し「新皇《しんのう》」を称した平将門《たいらのまさかど》の乱を鎮圧した功により五位の貴族となる。子孫も中央政界へ進出し、伊《い》勢《せ》に移住して伊勢平氏の祖となった平維衡《たいらのこれひら》のように国守《こくしゅ》（受領《ずりょう》）になる者も現れ、平安末期の清盛《きよもり》へ続く。一方、関東に土着した坂東平氏からは上総《かずさ》氏、千葉氏、畠山氏、三浦氏、北条氏など、源頼朝の挙兵に従い幕府草創に貢献する武士団が出た。

摂津国多田（兵庫県川西市）で武士団を形成し、多田源氏の祖となった源満仲。創建した多田院（多田神社）には満仲、頼光、頼信、頼義、義家が祀られている

将門の乱と同時期、瀬戸内海で起こった藤原純友《ふじわらのすみとも》の乱の鎮圧に貢献し、武門源氏の祖となったのが清和天皇の孫・経基王《つねもとおう》である。子の満仲《みつなか》の時、摂関家《せっかんけ》に臣従して勢力を拡大。酒呑童子《しゅてんどうじ》退治で有名な孫の頼光《よりみつ》も藤原道長《みちなが》に仕えて富裕を誇り、京を中心に活躍して摂津《せっつ》源氏の祖となった。その弟・頼信《よりのぶ》は河内《かわち》を拠点として関東にも勢力を広げた。この河内源氏から後世、源頼朝や足利氏など武家の棟梁《とうりょう》が輩出する。

将門・純友の乱は、東西で同時に起きたため朝廷を震撼《しんかん》させ、後世まで貴族たちのトラウマとなった。そのため鎮圧に貢献した平氏と源氏を武家の名門として特別視する見方が根づいたとされる。

Q2 なぜ、河内源氏は関東に基盤をもつことができたのか？

頼朝挙兵の成功は東国が源氏の地盤だったことが要因の一つといわれてきた。その結びつきはいつ生まれたのだろうか。京周辺で発展した武門源氏の中で、いち早く東国に目をつけたのが河内源氏の祖・頼信だった。京で華々しく活躍する兄・頼光を見て、東国に活路を求めたのかもしれない。頼信は上野《こうずけ》・常陸《ひたち》など東国の受領を歴任し、在地の豪族たちを家人《けにん》として組織。11世紀前半には、3年にわたって房総半島を占領した平忠常《ただつね》の乱を戦わずにしずめて勇名をはせた。さらに、子の頼義《よりよし》は坂東平氏の名門・平直方《なおかた》の娘婿となって義家《よしいえ》をもうけ、直方の鎌倉の館を相続。ここに源氏と鎌倉の結びつきが生まれる。

以後、河内源氏は東国を地盤として奥羽《おうう》へ進出を図る。頼義は陸奥《むつ》の安倍《あべ》氏と前九年《ぜんくねん》の役《えき》を戦い、義家は出羽《でわ》の清原《きよはら》氏の家督争いに介入して後三年《ごさんねん》の役を起こす。最終的に義家の支援を受けた清原清衡《きよひら》が奥州藤原氏となって奥羽の支配者となり源氏の野望は挫折したが、両役に東国武士が動員されたことが源氏と東国の結びつきを強めたとされる。

Q3 平氏はどのようにして政界における地位を築いたのか？

後三年の役ののち、源義家のもとで源氏が隆盛を誇る一方、平氏はさしたる武功をあげられず政界における地位は低下していった。その平氏を飛躍させたのが清盛の祖父・正盛《まさもり》である。当時、朝廷では上皇《じょうこう》が政治を主導する院政《いんせい》が行われていた。その創始者である白《しら》河《かわ》上皇に取り入って近臣となった正盛は、義家の子・義親《よしちか》の謀反を鎮圧して源氏に代わる武家の第一人者の地位を確立。上皇の親衛隊である北面《ほくめん》の武士となり、子の忠盛《ただもり》とともに大国の受領を歴任し、謀反人や海賊の討伐を通して西国の武士を組織して地盤を築いた。

義親の反乱を機に源氏が衰退に向かう一方、平氏が発展をとげたのは、寺院の造営など上皇への経済奉仕が成功したためだ。正盛は伊賀《いが》の所領を白河上皇に寄進して近臣となった。忠盛は鳥羽《とば》上皇のために千体観音堂《せんたいかんのんどう》を造営し、武士で初めて内裏清涼殿《だいりせいりょうでん》の昇殿を許され、晩年は公卿《くぎょう》（三位以上の高級官僚）の手前の刑部卿《ぎょうぶきょう》に昇進。子の清盛も肥後守《ひごのかみ》や安芸《あき》守などの受領を歴任して富裕を誇り、京を拠点とする最大の武士団に成長したのである。

Q 4

「武者の世の始まり」保元の乱は何が原因で起こったのか？

保元《ほうげん》元年（1156）、京で初めて武士同士の本格的な合戦が繰り広げられた。僧・慈円《じえん》が『愚管抄《ぐかんしょう》』で「武者の世の始まり」と説く保元の乱である。朝廷の内部対立を武力で解決したこの乱は武士の社会的地位を向上させ、武家政権樹立に向けた第一歩となった。

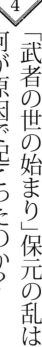

きっかけは天皇家の内紛である。白河上皇の死後、治天《ちてん》の君《きみ》（院政を行う上皇）となり実権を握った鳥羽上皇は、子の崇徳《すとく》天皇を退位させて寵姫《ちょうき》が生んだ近衛《このえ》天皇を即位させる。鳥羽は崇徳が中宮《ちゅうぐう》の待賢門院《たいけんもんいん》と祖父・白河の子であると信じ「叔父子《おじご》」（祖父の子）と呼んで嫌っていたのだ。さらに近衛が早世すると、皇子・重仁《しげひと》の即位を望む崇徳の意向を無視して弟の雅仁《まさひと》（後白河《ごしらかわ》天皇）を即位させる。不満を募らせた崇徳は、鳥羽の死後、摂関の地位をめぐって兄の忠通《ただみち》と対立する藤原頼長《よりなが》と結んで挙兵し、保元の乱が幕を開ける。

天皇方には最大戦力の平清盛、河内源氏の嫡流・源義朝《よしとも》、足利氏の祖・源義康《よしやす》ら名だたる武士が参集した。一方、崇徳方の兵力は義朝の父・為義《ためよし》と子息、清盛の叔父・忠正《ただまさ》など

保元の乱の対立関係図

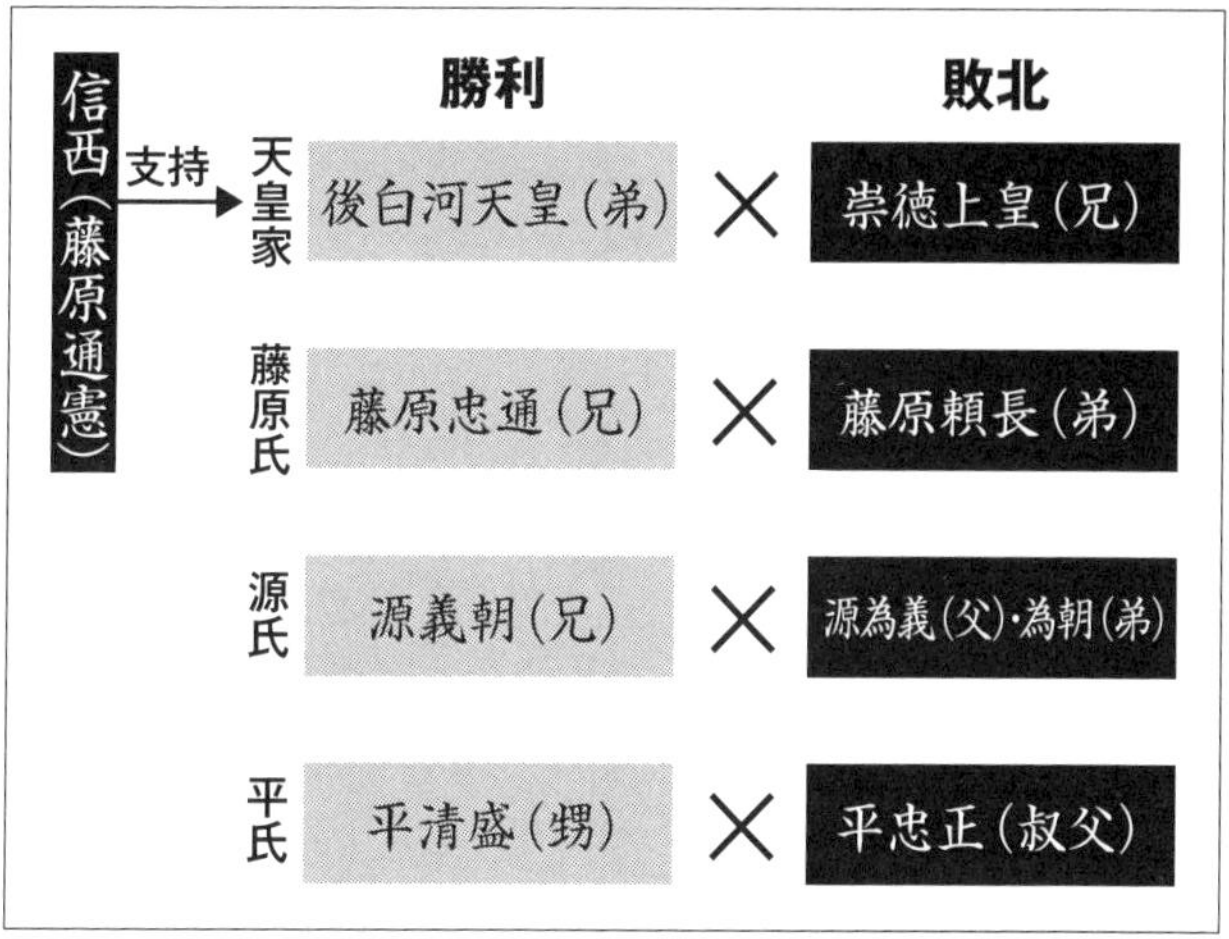

ごくわずかだった。為義や忠正は長年摂関家に仕えており頼長の挙兵に従わざるを得なかったのだ。

戦闘は後白河陣営から仕掛けられた。源義朝の提案により崇徳方の籠る白河北《きた》殿《どの》へ夜襲を決行。弓の名手である為義の8男・為朝《ためとも》の強弓《ごうきゅう》に苦しめられたが、間もなく白河北殿に火がかけられ勝敗は決した。頼長は敗死し崇徳は讃岐《さぬき》に配流《はいる》。上皇方の武士は処刑された。

一方、清盛は受領の最高峰である播磨《はりまの》守《かみ》に任じられ平氏一門も手厚い恩賞を得た。義朝は武士の名誉である左馬頭《さまのかみ》となり、河内源氏として初めて内昇殿《ないしょうでん》を許され平氏に次ぐ武家の地位を確立する。

Q5 なぜ、清盛は平治の乱での劣勢を覆すことができたのか？

保元の乱後の政治を主導したのは後白河上皇の近臣・信西《しんぜい》であった。天皇方の黒幕として保元の乱を勝利に導き、乱後は平氏と結んで朝廷改革や内裏の再建を推進したが、権勢が高まるにつれ敵対勢力も増えていった。その急先鋒が信西に大臣昇進の野望を阻止された藤原信頼《のぶより》である。平氏と対立する源義朝や二条《にじょう》天皇の親政を望む勢力と結託して反信西連合を形成し平治《へいじ》元年（1159）12月、清盛が熊野《くまの》詣《もうで》に出た隙をついて挙兵した。上皇御所を焼き討ちした義朝勢は後白河と二条を幽閉し、信西を殺害して実権を握った。

旅先で京の異変を知った清盛は、いったん九州に逃れて再起を図ることも考えたという。だが、紀州の武士や熊野別当《べっとう》が清盛に協力して騎馬や武具を提供。平氏の本拠・伊勢の兵も集まり無事に京の六波羅《ろくはら》に帰還できた。義朝にとっては迎撃のチャンスだったが、クーデターは秘密裏に行われたため最低限の軍勢しかなく、その余力がなかったのだ。清盛は信頼に臣従を誓って油断させ、二条親政派を味方につけて天皇を内裏から救出し六波羅に

義朝最期の地となった愛知県野間の大御堂寺にある義朝の墓。暗殺の直前、義朝が木太刀を欲したという故事にちなんで、木刀を模した卒塔婆が大量に奉納されている(筆者撮影)

迎える。信頼は朝までこれに気づかず、義朝に「日本一の不覚人《ふかくにん》」と罵倒《ばとう》された。

信頼・義朝追討の宣旨《せんじ》を得て官軍となった平氏は、清盛の長男・重盛《しげもり》、弟の頼盛《よりもり》が源氏勢のこもる内裏に攻め寄せた。平氏軍は義朝の長男・悪源太義平《あくげんたよしひら》らと戦ったのち、撤退するとみせかけて源氏軍を誘い出し内裏を占拠。行き場を失った源氏軍は六波羅に殺到したが、摂津源氏の源頼政《よりまさ》の離反もあり敗北する。

義朝は再起を図るべく東国に向かう途中、尾張《おわり》で家臣のだまし討ちにあい、子の頼朝は捕らえられ伊豆に流された。この平治の乱により源氏は壊滅し、平氏の全盛時代が幕を開けるのである。

Q6 平治の乱のあと、なぜ頼朝は処刑されなかったのか？

初陣となった平治の乱の時、源頼朝は13歳だった。義朝の3男ながら母が正室のため嫡《ちゃく》子《し》とされ、信西の殺害後、二人の兄を越えて従五位下右兵衛権佐《じゅごいのげうひょうえのごんのすけ》という高い官位を得た。平治の乱の敗北後、頼朝は東国に逃れる途中で父とはぐれ、尾張で平頼盛《よりもり》の家人に捕らえられた。武士の世界では報復の連鎖を断ち切るために、敗者は処刑されるのが原則である。しかし、頼朝は謀反人の嫡男でありながら助命された。これが頼朝の運命はもちろん、武家政権成立史に決定的な影響をもたらしたことは間違いない。

頼朝の助命を嘆願したのは、平忠盛《ただもり》の正室で清盛の継母《ままはは》にあたる池禅尼《いけのぜんに》（藤原宗子《むねこ》）である。『平治物語』によると、頼朝が早世した実子・家盛《いえもり》（頼盛の同母兄）に似ているというのがその理由であった。しかし、池禅尼の嘆願は必ずしも愛息への感傷だけではなかったようだ。頼朝は平治の乱の直前まで後白河上皇の同母姉・上西門院《じょうさいもんいん》に蔵人《くろうど》（秘書官）として仕えており、女院や後白河による助命嘆願があった可能性が高いとされる。

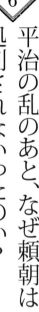

平治の乱での頼朝兄弟の処遇

続柄	名前	母	結果
長男	義平	三浦義明の娘？	六条河原で斬首
次男	朝長	波多野義通の妹	落人狩りで落命
3男	頼朝	藤原季範の娘（由良御前）	伊豆に流罪
4男	義門	藤原季範の娘（由良御前）	早世したと伝わる
5男	希義	藤原季範の娘（由良御前）	土佐に流罪
6男	範頼	近江池田宿の遊女？	不明
7男	今若	常磐御前	出家して醍醐寺に入る
8男	乙若	常磐御前	出家して園城寺に入る
9男	牛若	常磐御前	11歳で鞍馬寺に入る

また、当時は公家・武家を問わず家長《かちょう》亡きあとの正室の発言力は強く、清盛も池禅尼の意向を無視することはできなかったのだろう。頼朝を捕らえたのが禅尼の実子・頼盛の家人だったため、頼朝の身柄について強い管理権を主張できたことも禅尼の発言力を強めたといわれる。

頼朝が助命された以上、幼い弟たちを処刑することはできず、頼朝の同母弟の希義《まれよし》は土佐《とさ》に配流。義朝と常磐御前《ときわごぜん》の間に生まれた今若《いまわか》（阿野全成《あのぜんじょう》）・乙若《おとわか》（義円《ぎえん》）・牛若《うしわか》（義経《よしつね》）も出家を条件に許された。こうして、頼朝は奇跡的に処刑をまぬかれたが、その判断が間違いだったことを20年後、清盛は知ることとなる。

Q 7 頼朝の伊豆配流は清盛の失策だったのか？

平治の乱で死刑をまぬかれた頼朝が、源氏の基盤である東国の伊豆に流されたことは幸運だった。そのため、頼朝の伊豆配流を清盛の失策とする意見もある。律令《りつりょう》の最高刑は死刑だが、保元の乱を除いて行われたことはほとんどなく、実際は流刑《るけい》（配流）が最高刑だった。罪の重さに応じて近流《こんる》・中流《ちゅうる》・遠流《おんる》があり、遠流は常陸《ひたち》・安房《あわ》・伊豆《いず》・佐渡《さど》・隠岐《おき》・土佐の6か国だった。頼朝の伊豆配流は法制上、死刑に次いで重い刑であり、清盛にしてみればことさら温情をほどこしたという意識はなかっただろう。

近年は牧《まき》氏との関係も注目されている。頼朝の監視を命じられたのは伊豆の豪族・伊東《いとう》祐親《すけちか》と北条時政《ほうじょうときまさ》であったが、時政の後妻・牧の方《かた》は、頼朝の助命を嘆願した池禅尼の姪にあたる。つまり捕縛から助命、配流まで一貫して、頼朝は池禅尼や平頼盛の保護下に置かれていたのだ。後年、頼盛は平氏の都落ちに従わず頼朝の庇護を受けた。そのため頼盛は将来、頼朝を政治的に利用する可能性を考えて、身柄の温存を図ったとする説もある。

Q8 伊豆における頼朝の流人生活は孤独だったのか？

流人というと、世間と切り離された配所で孤独な生活を強いられるイメージが強い。頼朝にも当初は厳しい監視がつけられたが、それも次第に緩やかになり、頼朝を慕う多くの人びとが出入りして、関東から京におよぶ大きなネットワークを形成した。中でも強力に頼朝を支えたのが頼朝の乳母《めのと》（貴人の子の養育係）である。この時代の乳母は夫や子を含め、家族ぐるみで養君《ようくん》に奉仕する頼もしい存在であった。中でも、比企尼《ひきのあま》は夫とともに京から武蔵に下って頼朝に食料を送り続け、娘婿の安達盛長《あだちもりなが》・河越重頼《かわごえしげより》・伊東祐清《すけきよ》にも支援を命じた。京の官人・三善康信《みよしやすのぶ》は頼朝の乳母の甥にあたる縁で、毎月3度使者を送り京の情勢を伝えたという。康信の情報は頼朝の挙兵にも大きな影響をおよぼすこととなる。

また、伊豆の工藤茂光《くどうもちみつ》や天野遠景《あまのとおかげ》など工藤氏の一族、相模《さがみ》の土肥実平《どひさねひら》や三浦氏の一族・岡崎義実《おかざきよしざね》などの在地武士、義朝の家人だった武蔵在住の佐々木秀義《ひでよし》と子の定綱《さだつな》・盛綱《もりつな》、伊豆在住の加藤景員《かげかず》と子の光員《みつかず》・景廉《かげかど》などの浪人も自由に出入りして頼朝を支えていた。

Q 9

平清盛はなぜ初の武家政権を築くことができたのか？

平治の乱の後、平清盛は武士で初めて公卿となり、急速に存在感を高めていく。朝廷では後白河上皇と二条天皇が政治の主導権を争ったが、清盛は二条の親政を支持する一方、上皇に蓮華王院《れんげおういん》（三十三間堂《さんじゅうさんげんどう》）を寄進するなど巧みに立ち回った。さらに二条が早世すると今度は後白河の院政を助け、その引き立てにより律令制最高官の太政大臣《だいじょうだいじん》に就任。平氏一門も高位高官をしめ、清盛は出家し摂津福原《ふくはら》（神戸市）に隠退したあとも政界に隠然たる影響力を保った。

古くから清盛を白河上皇の落胤《らくいん》とする噂があり、それが異例の出世を支えたとされるが、平氏の躍進の理由はそれだけではない。一つは婚姻政策だ。摂関家と姻戚関係を結んで全国の摂関家領を管理下に置き、娘の徳子《とくこ》を高倉天皇に入内させて天皇家とも関係を深めた。

もう一つは圧倒的な武力である。武士に内裏を警固させて王朝の守護者としての立場を示し、仁安《にんあん》2年（1167）には朝廷から国家的な軍事指揮権を公式に認められた。前者は京都大番役《おおばんやく》、後者は諸国守護権として鎌倉幕府に継承され、武家政権に必須の役割となる。さらに、平氏一門の知行国《ちぎょうこく》や荘園、清盛の隠退後に本格化した日宋貿易の収入は重要な財政基盤となった。武力と経済力で院政を支える役割が平氏に期待されたのである。

しかし、清盛の権勢が増すにつれ後白河との関係は険悪化していく。上皇の近臣が平氏打倒を企てた鹿ヶ谷《ししがたに》事件は不発に終わったが、後白河が平氏の所領を没収するなど挑発を繰り返したため、治承《じしょう》3年（1179）11月、清盛は多数の軍勢を率いて福原から上洛。上皇を幽閉して院政を停止し、多くの公卿を解任したうえ、孫の安徳《あんとく》天皇を即位させ軍事独裁体制をしいた。武士が初めて武力で実権を奪ったこのクーデターによって、初の武家政権である平氏政権が成立したといわれている。

広島県呉市の「音戸の瀬戸」を見下ろす位置に立つ平清盛像。清盛はこの海峡を、1日で掘削したとの伝説が残る

Q 10 北条氏は系譜も定かではない弱小豪族に過ぎなかった?

源頼朝の配所は伊豆の蛭《ひる》ヶ《が》小島《こじま》に設けられた。分流する狩野《かの》川の中州の一つと考えられており、伝承地とされる場所に「蛭島碑記《ひるしまひき》」が立てられている。江戸時代の郷土史家が推定した場所で必ずしも正確ではないが、この一帯が頼朝の監視役であり伊豆の田方《たがた》郡に拠点をもつ北条時政の勢力圏に含まれるのは確かである。

頼朝の挙兵を助け、鎌倉幕府樹立の功労者となった時政とは、どのような人物だったのだろうか。北条氏は源頼義を婿に迎え鎌倉の地を譲った坂東平氏・平直方の末裔を称するが、時政以前の活動は史料にほとんど記されていない。時政自身、官職をもたず「北条四郎」と呼ばれるだけで、伊豆の在庁官人である北条氏の嫡流ですらなかった可能性が高い。河内源氏の嫡流で前《さきの》右兵衛権佐の肩書をもつ「貴種《きしゅ》」の頼朝を娘婿に迎えることで一族の主導権を握るとともに、東国社会における北条氏の地位を高めようと考えたのだろう。

北条氏の名前の由来と考えられる「条」は、郡・郷よりさらに小さい行政単位をさす。数

願成就院の裏手には小山があり、それを挟んで円成寺遺跡がある。願成就院には運慶作の仏像があり、施主は北条時政である（伊豆の国市提供）

郡規模を支配する相模の三浦氏や房総の上総氏などに比べると、支配領域ははるかに小さかったと考えられる。

一方、農業生産力の低さに比べて経済的に恵まれていたとする説もある。北条氏の館は伊豆韮山《にらやま》（静岡県伊豆の国市守山）にあり、現在、願成就院《がんじょうじゅいん》の裏手にある円成《えんじょう》寺《じ》遺跡がその跡と考えられている。東に伊豆国府に通じる下田街道が南北に貫き、西に狩野川が流れる交通の要地で、水陸交通を利用した流通活動にかかわっていた可能性も指摘されている。

生産力は低いものの交易により豊かな経済力をもっており、それが流人・頼朝の生活を支えていたのかもしれない。

Q
11
頼朝と政子はいつ結婚したのだろうか?

伊豆の小豪族にすぎなかった北条氏の運命を変えたのが頼朝と北条政子の結婚だった。二人の結婚はいつ、どのように実現したのだろうか。実は頼朝が最初に見初めたのは監視役である伊東祐親の3女だった。祐親が上京中のことで千鶴《せんづる》という男子までもうけた。帰国後にこれを知った祐親は怒り狂い、3歳の千鶴を松川の淵に沈めて殺し、娘は西伊豆の武士に嫁がせ、頼朝の殺害まで図ったという。頼朝は祐親の子・祐清の助けで伊東を脱出し北条氏の下に逃れたという。安元《あんげん》元年(1175)、頼朝29歳の時である。

次に頼朝と結ばれたのが時政の先妻の子・政子だった。またしても時政の上京中で、治承元年(1177)頃と考えられている。二人のなれ初めについて『曽我物語』は不思議な話を記す。政子が21歳の時、妹が高い山に登り月日を袂《たもと》に入れる夢を見た。政子はそれが吉夢と知りながら、縁起の悪い夢であるとだまして買い取り自分のものにした。その後、頼朝が政子の妹に恋文を出したが、使者に立った頼朝の側近・安達盛長が政子宛に書き換

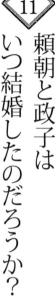

頼朝が幽閉された蛭ヶ小島に立つ頼朝と政子の像（静岡県伊豆の国市）。蛭ヶ小島は狩野川の中州にあった小高い地だと考えられているが、正確な位置は不明である

えて渡したため二人は結ばれ、吉夢が現実になったという。話の実否は不明だが、出会いの始めから政子の方が頼朝に好意を抱いていた様子がうかがわれる。

　しかし、時政は平氏の追及を恐れて政子を閉じ込め、平氏の一族である伊豆目代《もくだい》（国守の代官）・山木兼隆《やまきかねたか》に嫁がせようとした。しかし、気丈な政子は父の命を拒絶し、暗夜に迷い激しい雨をしのぎながら頼朝のもとへ走ったという。政子の述懐として『吾妻鏡《あずまかがみ》』に載る逸話である。

　政子の強情さにさしもの時政も折れ、二人の結婚を認めた。自らの意志を貫く政子の決断力と実行力は、後年、政治家として発揮されることになる。

Q 12

頼朝が挙兵したのは以仁王の令旨がきっかけだった？

治承4年（1180）4月、以仁王《もちひとおう》が平氏追討を命じる令旨《りょうじ》（親王の命令書）を発した。以仁王は後白河法皇の第3皇子で英明をうたわれたが、3歳の安徳天皇の即位によって皇位継承の可能性が絶たれた。そこで自らの即位を実現するため、京で活動する数少ない源氏一門の源頼政《よりまさ》と結び、全国の源氏に平氏打倒を呼びかけたのである。清盛の迅速な対応により乱は未然に防がれ、頼政は宇治川《うじがわ》の戦いで敗れて自害、以仁王も射殺された。しかし、近江《おうみ》の園城寺《おんじょうじ》と南都《なんと》（奈良）の興福寺《こうふくじ》が乱に加担したことに危機感をもった清盛は急遽、安徳天皇や後白河法皇、平氏一門を伴い摂津福原に向かう（福原遷都《せんと》）。強引な遷都は公家や比叡山など寺社勢力の反発を招き、平氏政権への不満を高めた。

以仁王の令旨が伊豆の頼朝のもとに届けられたのは4月27日のことであった。一般に頼朝の挙兵は以仁王の呼びかけに応じたものといわれている。挙兵の大義名分を令旨に求めたのは事実だが、実際に兵をあげるのは3か月もあとであり、令旨を直接の理由とするのは不自然だろう。

これについて『吾妻鏡』に重要な記述がある。6月下旬、京の三善康信が頼朝に使者を送り、令旨を受けた源氏の追討が命じられたので奥州へ逃れるよう勧めたというのだ。頼朝が平氏打倒の計略をめぐらすのはこの直後で、京の情勢の変化が挙兵の直接の動機になった可能性が高い。その数日後には、京から帰国途中の千葉《ちば》胤頼《たねより》と三浦義澄が頼朝を訪ねて密談を行っている。関東の武士がどの程度参加できそうか情報を集めていたのだろう。8月2日には平氏の家人・大庭《おおば》景親《かげちか》が伊豆に住む源有綱《ありつな》（頼政の孫）を追討するために下ってきた。風雲急を告げる中、頼朝は生き残りをかけて挙兵を決断したのである。

源頼政は「埋もれ木の　花咲くことも　なかりしに　身のなる果てぞ　かなしかりける」と辞世を詠み、平等院内の芝生の上で果てたという（国立国会図書館蔵）

Q 13

なぜ、頼朝は石橋山の戦いで惨敗しても生き延びたのか?

治承4年8月17日、頼朝は挙兵した。最初の標的となったのが伊豆目代・山木兼隆とその後見人の堤信遠《つつみのぶとお》である。この日が選ばれたのは伊豆国一宮・三島社の祭礼があり、山木の郎従たちが出払っていると予想されたためだ。北条時政・義時《よしとき》父子、工藤茂光、佐々木高綱《たかつな》・経高《つねたか》ら40人ほどの武士たちは、二手に分かれて山木館と信遠の館を襲撃。まず佐々木兄弟が信遠の館に向かい激戦の末、信遠を討ち取った。この時、最初に経高が放った矢が「平氏を討伐する源家の最初の一矢であった」と『吾妻鏡』は記している。一方、山木館の戦いは容易に決着がつかず、火の手が上がらないことに不安を感じた頼朝は、本陣の北条館から加藤景廉、佐々木盛綱らを援軍に向かわせようやく兼隆を討ち取った。

初戦を勝利で飾った頼朝は、かねて密約を結んでいた相模の三浦氏と合流するため東へ向かう。そこへ立ちはだかったのが平氏の家人・大庭景親の３０００騎だった。頼朝軍は土肥・岡崎氏を加えた３００騎で相模湾を見下ろす石橋山に布陣。激しい雨が降る中、頼

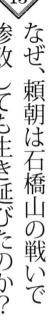

頼朝軍の先陣となって討ち死にした佐奈田義忠。その遺骸を葬った塚（与一塚）が石橋山古戦場跡（神奈川県小田原市）にあり、義忠を祀る佐奈田霊社が建っている

朝軍は奮闘したが、伊東祐親の300騎に背後を突かれて惨敗し山中に逃れた。この合戦で岡崎義実の子・佐奈田義忠《さなだよしただ》が討ち死に。逃走中に時政の嫡子・宗時《むねとき》、工藤茂光が戦死し、一時は頼朝も自害を考えたという。窮地を救ったのは平氏方の梶原景時《かじわらかげとき》だった。山中に頼朝が隠れているのを知りながら、人がいた形跡はないと偽って景親の目をくらましたのである。翌年、景時は頼朝に仕え有力な側近となる。

もう一つ、頼朝にとって幸運だったのは、同行する土肥実平の所領内で合戦が行われたことだろう。実平の案内で逃げのびた頼朝は、真鶴《まなづる》から船に乗って房総半島へ渡り、急速に勢力を拡大していくのである。

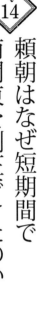

Q14 頼朝はなぜ短期間で南関東を制圧できたのか？

三浦半島から安房に渡った頼朝は、三浦氏とともに平氏方の在地武士を討ち、またたくまに同国を制圧すると、かねて頼みとしていた上総広常《かずさひろつね》と千葉常胤《つねたね》に参陣を促した。しかし、常胤が頼朝の挙兵を喜び参加を即答したのに対し、広常は常胤と相談するといって消極的な姿勢を示したという。そこで頼朝は広常を待たずに下総に向かい常胤と合流。感激した頼朝は「これからはあなたを父と思う」と述べた。その2日後、広常が2万騎の軍勢を率いてやってくると、頼朝は常胤の時とは一転して広常の遅参を叱責した。大軍を見て頼朝が大喜びするだろうと考えていた広常は、その威厳に感じ入り帰服したという。頼朝の度量の大きさを示す逸話だが、広常は後年、頼朝に暗殺されており、それを正当化するため『吾妻鏡』が広常を不遜な人物として描いたともいわれている。

そもそも千葉氏や上総氏が挙兵に加わったのは、源氏の棟梁としての頼朝の器量や貴種性だけが理由ではなかった。平氏政権の成立後、関東では平氏の家人の勢力が強くなり、在

頼朝の挙兵から鎌倉入りまで

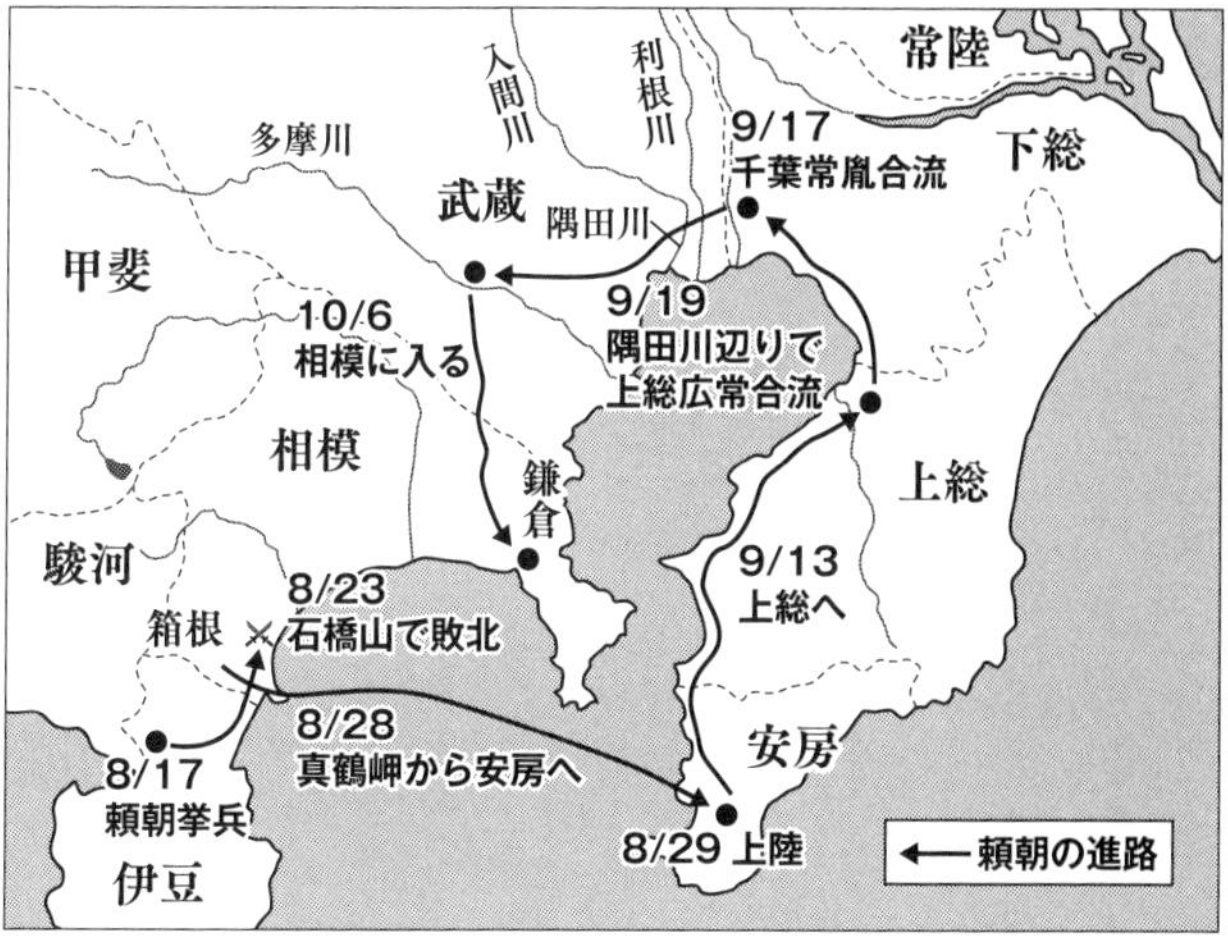

地武士の所領支配を脅かした。千葉氏や上総氏は自身の地位と権益を守るために頼朝の挙兵に加わったのである。長い流人生活の中で、在地領主の要求を熟知していたからこそ、頼朝は挙兵という賭けに打って出て、成功させたのである。

房総半島を制圧した頼朝が次にめざしたのが鎌倉だった。頼義以来の源氏ゆかりの地であり、海と山に囲まれた天然の要害であるのがその理由である。畠山《はたけやま》重忠《しげただ》ら武蔵の武士を加えて南関東を制圧した頼朝は大軍とともに鎌倉に入部。石橋山の敗戦から1か月半後のことである。以後「鎌倉殿」と呼ばれた頼朝のもと、鎌倉は武家の都として発展していく。

Q15 富士川の戦いの勝因は水鳥の羽音だった？

平氏への反乱は関東の頼朝にとどまらなかった。甲斐《かい》の武田信義《たけだのぶよし》、信濃《しなの》の木曽義仲《きそよしなか》、さらに紀州や九州でほぼ同時期に反平氏勢力が挙兵し全国的な内乱に発展する（治承・寿永の乱）。特に頼朝の関東制圧は公家たちを震撼させ「将門《まさかど》のごとし」といわれた。清盛も関東の動向を重視し、平重盛《しげもり》の遺児・維盛《これもり》を総大将とする大軍を東海道に派遣する。一方の頼朝も20万の大軍で鎌倉を発し黄瀬川《きせがわ》に陣をしいた。富士川《ふじがわ》の戦いの始まりである。

源平の主力による最初の合戦であったが、追討軍は京で無駄に時間を過ごし、駿河に到着した時、すでに東海道の平氏勢は甲斐源氏の攻撃により壊滅していた。そのため、富士川着陣後も平氏軍の志気は低く、武田軍4万に対して1～2000騎という圧倒的な兵力差の前に、源氏方に寝返る兵が続出する。維盛はやむなく撤退を決意したが、その夜、ひそかに陣を払おうとした時、数万の水鳥が一斉に飛び立った。敵の襲来と勘違いした兵たちは慌てて逃げ出し、京に向けて潰走する。『平家物語』にもみえる逸話だが、平氏と親し

静岡県富士市の和田川沿いにある平家越の碑。この碑は富士川の戦いにおいて、水鳥が一斉に飛び立ったことに驚いた平氏勢が潰走したとされる場所に立つ（筆者撮影）

い公家の日記に記されており事実のようだ。『平家物語』では決戦前夜、源氏の家人だった斎藤実盛《さいとうさねもり》が東国武者の強さを語り、平氏の武将を震え上がらせた逸話を載せ、敗走の伏線としているが、実態はそれほど単純ではない。敗走の理由は、現地の平氏勢が壊滅し追討軍が孤立したのに加え、近隣の国府を通して徴兵した駆武者《かりむしゃ》（臨時戦闘員）の多さに原因があった。

平氏一門と主従関係を結んだ家人と違い、駆武者は主君のために命がけで戦うことはなく、戦況不利とみれば戦場から離脱するのが常であった。この合戦により源氏の東国支配は盤石となり、頼朝は鎌倉を動かず着々と幕府の基礎を固めていく。

Q16 清盛はなぜ東大寺・興福寺を焼き討ちしたのか?

富士川の敗戦により平氏の威信は大きく傷ついた。福原遷都に対する反発も激しさを増し、温厚な嫡子・宗盛《むねもり》まで京への還都をめぐって清盛と激しく口論するようになる。

11月下旬、ついに清盛は還都に同意したが、それは平氏の反撃の始まりでもあった。京に戻るや畿内一帯の掃討を開始。4男の知盛《とももり》を派遣して近江を制圧し、12月末には5男の重衡《しげひら》を南都に向かわせ以仁王に加担した興福寺の衆徒《しゅうと》(僧兵)を追討した。平氏は以仁王の乱の直後から興福寺の追討を検討していたが、氏寺《うじでら》の滅亡を恐れる藤原氏の反対により実現しなかった。しかし、ふたたび南都の衆徒が京に攻め上る姿勢をみせたことから、清盛は禍根《かこん》を絶つべく攻撃を命じたのである。

興福寺・東大寺は平氏軍の激しい攻撃を受け、南都は春日社を残して焼亡した。『平家物語』は、夜戦になったため火をつけたところ、折からの強風で予想以上に燃え広がったと記すが、放火は清盛の指示によるもので、当初の計画どおりだった。福原遷都を断念した

熱病に冒され苦しむ清盛を描いた、月岡芳年作「平清盛炎焼病之図」。南都焼き討ちに対する仏罰ではないかと噂された（国立国会図書館蔵）

以上、反平氏勢力は徹底的に討滅するのが清盛の方針だったのである。

翌年1月、高倉上皇が崩御し後白河院政が再開されたが、清盛は独裁を維持し軍事体制のさらなる強化を進める。畿内一帯の軍事指揮権（兵士と兵糧の徴収）をもつ惣官職《そうかんしき》を設置して宗盛を任じ、九条大路と鴨川《かもがわ》が接する京の南東一帯に新しい軍事拠点を築いた。一連の軍制改革は平氏が本格的な軍事政権をめざしたものと評価されている。

しかしその直後、清盛は突如熱病にかかり「最後の一人になるまで頼朝の前に骸《むくろ》をさらせ」と言い残して64歳の生涯を閉じた。清盛らしい壮絶な言葉だが、これが和平を拒む平氏のかたくなな態度を生んだのも事実であった。猛《たけ》き者の遺言は平氏を滅亡に追い込む呪縛となったのである。

Q17 なぜ、木曽義仲は頼朝の陣営に下らなかったのか？

頼朝と前後して木曽義仲が信濃の木曽谷で挙兵した。義仲の父・義賢《よしかた》は為義の次男で、武蔵・上野を拠点に北関東で勢力を伸ばした。しかし、兄の義朝と対立し保元の乱の前年、悪源太義平に攻められて敗死する（大蔵《おおくら》合戦）。2歳だった義仲は斎藤実盛の助けにより信濃の豪族・中原兼遠《なかはらのかねとお》のもとに逃れ、兼遠の子の今井兼平《いまいかねひら》や巴御前《ともえごぜん》とともに木曽谷で育った。義仲にとって頼朝は仇敵の弟であり、平氏以上に敵愾心《てきがいしん》を向けていたに違いない。

治承4年（1180）9月、市原《いちはら》の戦いで信濃の平氏勢を破った義仲は、父・義賢の旧臣を味方につけるため上野に向かったが、すでに頼朝の勢力がおよんでいたため撤退。その義仲を飛躍に導いたのが翌年の信濃・横田河原《よこたがわら》の戦いだった。越後の豪族・城助職《じょうすけもと》の大軍を少数の軍勢で破り北陸道への足がかりを得たのである。しかし、このまま北陸道を進めば、背後を頼朝につかれ信濃を奪われる危険があった。そのため、義仲は嫡子の義高《よしたか》を頼朝の長女・大姫《おおひめ》と結婚させる前提で鎌倉に送り頼朝と和睦する。表向きは同盟だが事実

頼朝と義仲の関係

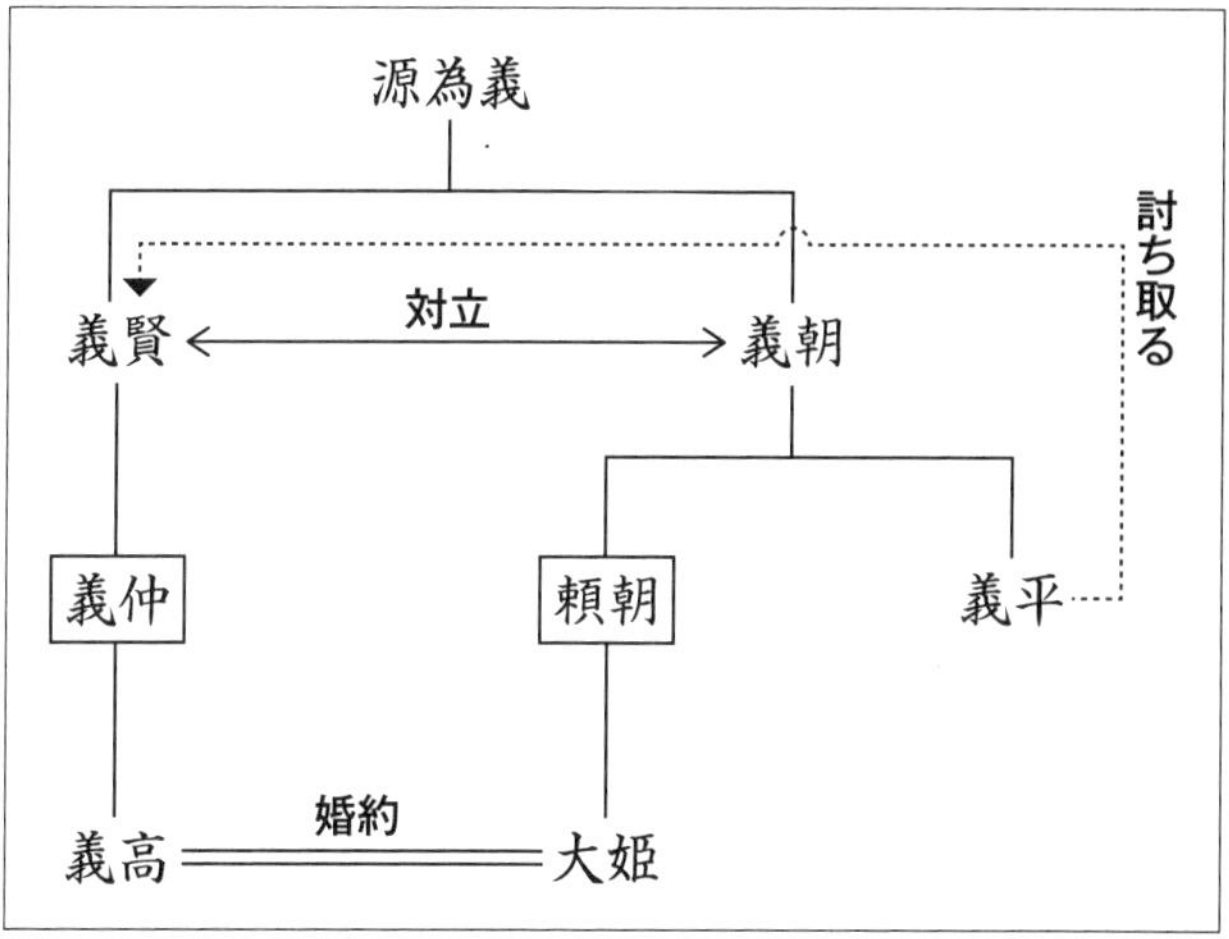

上の人質であり、またしても頼朝に煮え湯を飲まされたかたちとなった。

こうして背後の危機を取り除いた義仲は、加賀・越中《えっちゅう》国境の砺波山《となみやま》で平氏の遠征軍を撃破（倶利伽羅《くりから》峠《とうげ》の戦い）。続く篠原《しのはら》の戦いも圧勝し追討軍を壊滅させた。倶利伽羅峠の戦いについて、『源平盛衰記』は義仲軍が多数の牛の角に松明をつけて敵陣に追い込む「火牛《かぎゅう》の計《けい》」で勝利したと記すが、中国の歴史書『史記《しき》』に基づく創作といわれる。

平氏の大軍を破った義仲は破竹の勢いで進撃し、延暦寺を脅して味方につけ、平氏を西国へ追い京を占領する。寿永2年（1183）7月25日のことであった。

Q18 都落ちした平氏はどのようにして屋島に内裏を構えたのか?

平氏が都落ちを決定したのは、義仲入京の直前のことであった。当初、平氏は京の四方へ軍勢を派遣し防衛にあたった。しかし、平氏と協調関係にあった摂津源氏の多田行綱《ただゆきつな》が義仲に呼応して西国への交通を封鎖しようとしたため、京への物流の停止を恐れた平氏は、西国に落ちて再起を図る道を選んだのである。

この時、平氏は致命的な失態を演じる。都落ちの情報がもれたため、拉致を恐れた後白河法皇が比叡山に逃げてしまったのだ。皇位継承の決定権をもつ治天の君を逃したことは大きな禍根となった。平氏一門は六波羅と西八条の邸宅を焼き払い、安徳天皇と皇位の象徴である三種の神器を携え京をあとにした。一方、帰京した法皇は安徳の弟・後鳥羽天皇を神器のないまま即位させる。以後、神器の奪還は朝廷の重要な政治課題となった。

平氏は有力家人の多い九州へ向かい筑前《ちくぜん》の大宰府《だざいふ》に入った。しかし、法皇の命を受けた在地武士の攻撃を受け退却。身分の高い女官まで雨中をはだしで逃れたという。豊前《ぶぜん》の柳ヶ

屋根のような形から屋島の名がついた（香川県高松市）。もとは干潟で区切られた島だったが、江戸時代の埋め立てにより陸続きになったという。安徳天皇社がある辺りが屋島の内裏跡と伝わる

浦から船出した際は、重盛の子・清経《きよつね》が前途をはかなみ入水した。

苦境の平氏を救ったのは、清盛時代から仕える阿波の豪族・田口成良《たぐちしげよし》であった。成良の招きで讃岐の屋島《やしま》に内裏を構えた平氏は、ここを拠点に瀬戸内の制海権を掌握し勢力を拡大していく。

一方、平氏に代わって入京した義仲は無位無官から従五位下《じゅごいのげ》左馬頭《さまのかみ》兼伊予守《いよのかみ》となり、京の治安維持の責任者に任じられた。しかし、兵糧の準備をせず入京したため、配下の兵による略奪や狼藉が多発し都人の不興を買う。田舎育ちの粗野なふるまいも公家社会に受け入れられず、頼朝の上洛を待望する機運が高まっていった。

Q 19

謀反人の頼朝はなぜ官軍になることができたのか？

頼朝挙兵の背景に後白河法皇の密命があったという説がある。『平家物語』の説話に基づくものだが支持する識者は多い。実際、挙兵直後から両者の間にやり取りがあったのは事実だった。飢饉《ききん》で内乱が停滞していた養和《ようわ》元年（1181）には「東国を源氏に、西国を平氏に支配させてはどうか」と頼朝が法皇に提案している。平宗盛は清盛の遺言を理由に拒絶したが、頼朝は自身の勢力圏が公認されるなら朝廷に帰順する意思を示していた。

この交渉を進展させたのが、平氏の都落ちと義仲の失政であった。頼朝の早期上洛を望む法皇は、義仲が平氏追討のため西国に出陣している隙をみて、頼朝の位階を配流前の従五位下に戻し、20年ぶりに謀反人の汚名を解いた。さらに、荘園・公領《こうりょう》を問わず年貢を徴収して京に送ることを条件に、頼朝が実行支配している東海道・東山道《とうさんどう》の軍事指揮権・行政権を宣旨により認めたのである。この「寿永二年十月宣旨」によって頼朝の東国支配は公認のものとなり、鎌倉軍は官軍として位置づけられることとなったのである。

Q 20 「朝敵」という言葉を初めて使ったのは頼朝だった？

天皇に敵対する者の意である「朝敵《ちょうてき》」。足利尊氏《あしかがたかうじ》や徳川慶喜《とくがわよしのぶ》など幅広い時代で使用されているが、意外にも源平内乱以前に使用された確実な例はなく、『吾妻鏡』所収の養和２年（１１８２）の頼朝の願文《がんもん》が初例であるという。そもそも「敵」とは、本来釣り合いのとれた相手に使う言葉であり、絶対的な存在である天皇に敵がいるのはおかしい。

朝敵の語は頼朝が自身の挙兵を正当化するために創作された可能性が高いとされる。後白河法皇の真の敵は安徳天皇を擁する平氏政権であり、自身はそれを倒すために戦っている。朝廷への謀反でも平氏との私戦でもないことを知らしめるスローガンとして作られたというのだ。実際、三種の神器を携えた安徳は正統の王権であり、後白河に釣り合う相手といえる。後白河と安徳の王統の争いに、頼朝の政権がからむ特殊な政治状況を背景に生まれた言葉だったのである。考案者は三善康信と考えられており、その後朝廷の文書にも使われ、やがて謀反人や賊徒と同義に用いられるようになった。

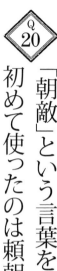

Q 21

なぜ、木曽義仲は院御所を襲撃する暴挙に出たのか？

義仲は入京後も法皇の命で平氏追討を続けたが、備中《びっちゅう》・水島《みずしま》の戦いで平氏の水軍に大敗する。そこへもたらされたのが「寿永二年十月宣旨」の情報だった。当初、宣旨には義仲が支配する北陸道も含まれていたため、怒った義仲は急ぎ帰京して法皇を詰問《きつもん》した。そのため宣旨から北陸道は除外されたが、これを機に両者の対立は激化する。義仲が法皇を拉致して北陸に下るという噂が広がると、法皇は御所の法住寺殿《ほうじゅうじどの》に兵を集めて戦闘態勢を固め、義仲を挑発した。寿永2年（1183）11月、ついに義仲軍は院御所を襲撃。法皇を幽閉して多くの公家を解任し、12歳の藤原師家《もろいえ》を摂政として朝廷の実権を握った（法住寺合戦）。さらに、法皇を利用して頼朝追討の宣旨を出し自ら征東大将軍《せいとうだいしょうぐん》に就任する。

この事件をいち早く鎌倉に知らせたのが、十月宣旨で約束した年貢の納入のため伊勢に駐屯していた源義経であった。内乱の前、義経は奥州藤原氏にかくまわれていたが、頼朝の挙兵を聞いて駆けつけ、富士川合戦のあと、黄瀬川の陣で初めて兄弟の対面を果たした。

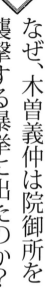

宇治川先陣の碑（京都府宇治市）。佐々木高綱は生唼（いけずき）、梶原景季は磨墨（するすみ）に騎乗。どちらも源頼朝から与えられた名馬で、争いは高綱が勝利した（筆者撮影）

その義経の初の大仕事が伊勢進出だったのである。義経の一報で上洛の大義名分を得た頼朝は、もう一人の異母弟・範頼《のりより》を総大将とする大軍を派遣。範頼軍は近江瀬田《せた》、義経軍は宇治から京に迫った。

　義仲は打開策として平氏に和平を呼びかけたが、敵対する叔父の行家《ゆきいえ》にはばまれ実現せず、やむなく少数の軍勢を瀬田と宇治に派遣する。しかし義経軍の動きは早く、佐々木高綱と梶原景季《かげすえ》の先陣争いに導かれて宇治川を突破するや御所に急行して法皇の身柄を確保。なすすべを失った義仲は、瀬田に向かい今井兼平と合流したが、範頼軍に包囲され琵琶湖畔の粟津《あわづ》の松原《まつばら》であえない最期を遂げるのである。

Q22 「鵯越の逆落し」を実行したのは義経ではなかった？

義仲が京で法皇と争っている間、平氏は屋島を拠点に勢力を回復し、旧都・福原に大規模な城郭を構えて、京の奪還をうかがうまでになっていた。義仲の滅亡後、朝廷では安徳と神器の帰還を優先して平氏との和平を求める声があがったが、平氏の入京によりふたたび院政が停止されるのを恐れた後白河法皇の意向で追討に決まる。

平氏が福原に築いた砦は、東は生田《いくた》、西は一の谷におよび、北は険しい山、南は海に挟まれた要害であった。東と西に木戸口《きどぐち》を設けて逆茂木《さかもぎ》や垣楯《かいだて》などのバリケードを築き、沖に軍船を浮かべ、さらに丹波路《たんばじ》からの侵攻に備えて北の三草山《みくさやま》に前進基地をおいた。

対する鎌倉軍は軍勢を二手に分け、大手《おおて》の範頼勢は山陽道で生田へ、搦手《からめて》の義経勢は丹波路から一の谷へ向かった。『平家物語』によると、義経勢は夜襲により三草山の陣を破ったのち軍勢を分け、土肥実平を一の谷へ、自身は精鋭を率いて鵯越《ひよどりごえ》に向かい、平氏の陣を見下ろす崖上に出たという。やがて合戦が始まり、一の谷では熊谷直実《くまがいなおざね》と平山季重《ひらやますえしげ》が先

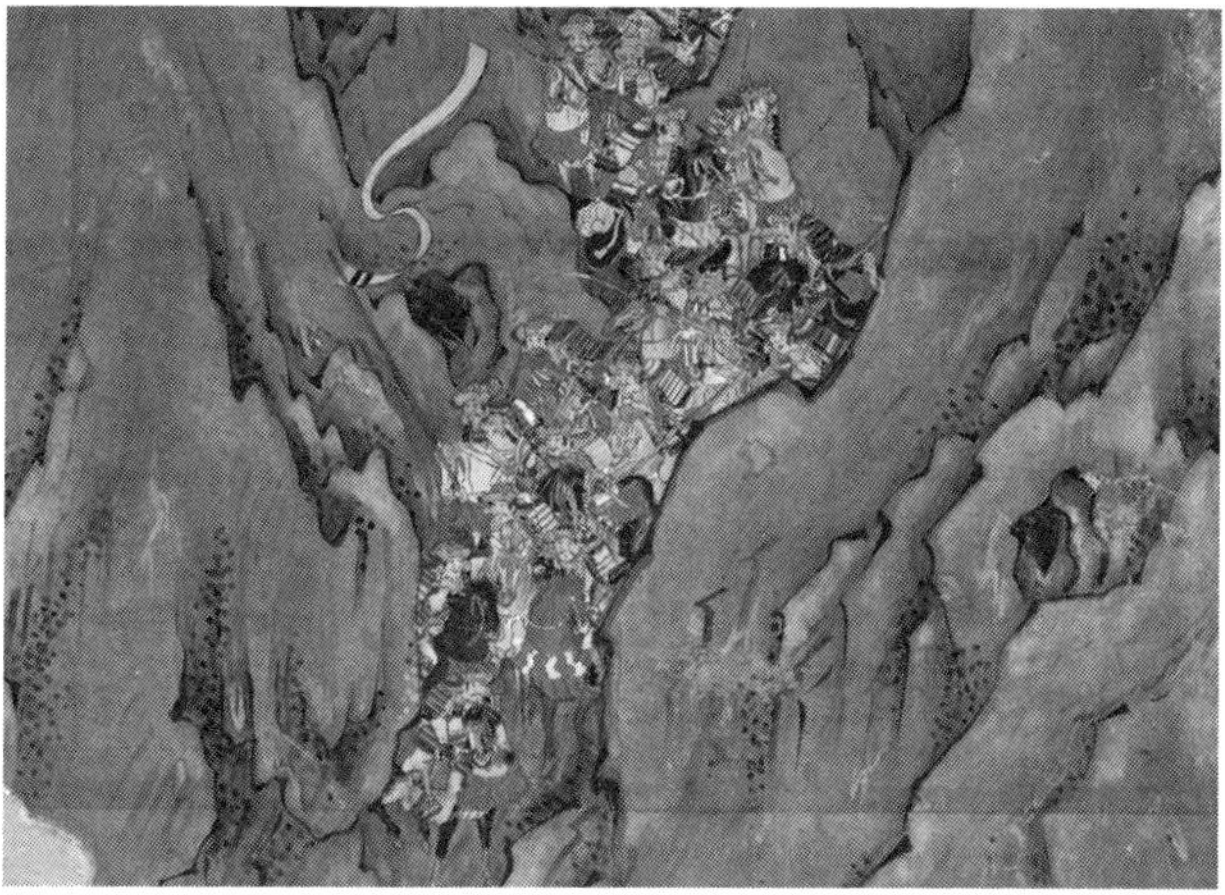

「源平合戦図屏風」に描かれた、一の谷の戦いでの逆落しの場面。鵯越の場所は、諸説あり定まっていない（埼玉県立歴史と民俗の博物館蔵）

陣を争い、生田では梶原景時・景季父子が奮戦した。激戦が続く中、均衡を破ったのが義経だった。鵯越の急峻な断崖を騎馬で駆け下り平氏の陣を奇襲したのだ。背後から攻撃を受けた平氏軍は大混乱に陥り、海に浮かぶ軍船に向けて潰走した。乱戦の中、忠度《ただのり》・通盛《みちもり》・経正《つねまさ》・敦盛《あつもり》・知章《ともあきら》など平氏一門の多くが戦死し、重衡は捕らえられた。

有名な「鵯越の逆落し」だが、公家の日記には「多田行綱が山方（鵯越）から寄せた」とあり、実際は搦手に属する行綱の奇襲だったが、大将の義経の戦功として語り継がれた可能性が高いという。土地勘のある在地武士を起用し、効果的に配置したことが鎌倉軍の勝因となったのである。

Q
23

九州遠征に手まどった源範頼は本当に凡将だったのか？

一の谷の戦いののち頼朝は範頼を鎌倉に戻し、義経に京周辺の治安維持を命じた。さらに伊勢・備後《びんご》・播磨などに軍事動員の権限をもつ惣追捕使《そうついぶし》（守護の前身）をおいて土肥実平や梶原景時を任じる。次の追討戦に備え西国の在地武士を組織化するのがねらいだった。

一方、朝廷は捕虜の重衡と引き換えに平氏に神器の返還を求めたが、平宗盛はこれを拒否した。平氏は屋島と関門海峡をおさえる長門彦島《ながとひこしま》を拠点として瀬戸内海の制海権を掌握。水軍の機動力を生かして沿岸の源氏方を撃破し、徐々に勢力を回復させていった。

対する頼朝は、元暦《げんりゃく》元年（１１８４）８月、範頼率いる追討軍を西国に派遣する。九州の武士を加えて平氏追討に向かう、あるいは義経と連携して屋島を挟撃する戦略であったといわれる。追討軍には和田義盛《わだよしもり》や千葉常胤、北条義時ら歴戦の勇士がそろっていたが、西国は平氏の基盤だけに戦果はあがらず、軍船も兵糧も不足し東国に帰りたいと嘆く御家人まで現れる惨状だった。『平家物語』は遠征に飽きて遊女と戯れる範頼の姿を描いている。

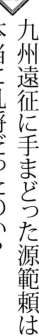

源頼朝の異母弟・範頼の肖像（模写）。範頼は平治の乱後に後白河法皇の近臣・藤原範季の養子となった。頼朝挙兵後は義経とともに、大将として活躍した（鎌倉国宝館蔵）

翌年1月、ようやく範頼軍は九州に渡り筑前・豊後《ぶんご》の平氏方を破った。

範頼は義朝と遠江《とおとうみ》・池田宿の遊女の子で、蒲御厨《かばのみくりや》で育ったため蒲冠者《かばのかじゃ》と呼ばれる。義経との比較から凡将のイメージもあるが、当時、西日本は飢饉や災害で疲弊していたうえ、平氏の降伏を期待する頼朝は長期戦も辞さない方針であり、苦戦はやむをえなかった。また、範頼の豊後制圧により壇ノ浦の戦いで平氏は退路を断たれ、鎌倉軍の勝利の一因となったのも事実で、凡将というのは酷だろう。しかし、今回の遠征では平氏を追い込むことはできず、窮状をみかねた京の義経は自ら出陣を志願し、嵐の中をわずか5艘で屋島へ出陣する。

Q 24

義経が梶原景時を怒らせた逆櫓論争とは？

文治《ぶんじ》元年（1185）2月、義経は荒れ狂う海の中、150余騎の軍勢とともに5艘の船で四国に向かった。通常3日の海路を6時間で阿波に到着した義経軍は、夜を徹して讃岐との国境を越え屋島の平氏本陣に迫った。海からの攻撃を想定していた平氏は背後からの奇襲に驚き、船で海上に逃れる。やがて、源氏軍が少数であることに気づいた平氏は海上から応戦したが上陸は困難と判断し、知盛のいる長門の彦島へ逃れた（屋島の戦い）。『平家物語』によると、出航前の軍議で梶原景時が「船首にも櫓《ろ》をつけて後退できるようにしよう」と提案したところ、義経は「戦う前から逃げ支度をするのか」と笑った。この逆櫓《さかろ》論争が二人の関係悪化を招いたという。この後、二人が別行動をとったのは事実だが、屋島の戦いののち景時軍らしき船団が平氏を追撃しており、当初の予定だった可能性が高い。義経が陸から、景時が主力の水軍で海から攻撃する計画だったが悪天候で景時の渡海が遅れたのだろう。戦術をめぐって論争しても戦場に私情をもちこむ二人ではなかった。

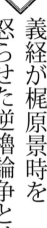

Q25 屋島の戦いの「扇の的」にはどのような意味がある？

屋島の戦いで大規模な合戦はなかったが、後世残る多くの逸話を生んだ。平氏一の猛将・教経《のりつね》の強弓で佐藤継信《つぐのぶ》が義経の身代わりとなって死んだ「嗣信最期《つぎのぶさいご》」、義経が自身の小さな弓が敵に渡らないよう危険を顧みず拾った「弓流《ゆみながし》」、悪七兵衛景清《あくしちびょうえかげきよ》が敵将の兜を引きちぎった「錣引《しころびき》」などの『平家物語』が伝える逸話は、華やかな合戦絵巻をみるようだ。

中でもよく知られるのが「扇の的」である。合戦が小康状態となった日暮れ時、突如、海上に日の丸の扇を立てた平氏の小舟が現われ若い女官が手招きをした。義経の命を受けた那須与一宗高《なすのよいちむねたか》は、射損じたら自害する覚悟で神に祈り一矢でこれを射抜いた。『源平盛衰記』によると、この扇は高倉天皇ゆかりの秘宝で、平氏が武運の吉凶を占うために射させた。結果は凶であったが、与一の妙技に平氏の陣営からも感動の声が沸き起こったという。那須与一は那須資高《なすすけたか》の11男で、扇の的を射た功により丹波《たんば》・武蔵・備中などに所領を得たが、22歳の時、頼朝の上洛に従い京の伏見で亡くなったという。

Q 26 海戦に強い平氏はなぜ、壇ノ浦の戦いで敗れたのか？

屋島の戦いの1か月後、長門・壇ノ浦《だんのうら》において源平最後の合戦が行われた。この間、義経は伊予水軍や熊野水軍を味方につけて水軍力を増強し、８４０余艘で壇ノ浦に現れた。対する平氏軍は平知盛を総大将とする５００余艘。第1陣は筑前の山鹿秀遠《やまがひでとお》、第2陣は田口成良、第3陣は平氏本隊という陣容で迎え討つ。知盛は「戦《いくさ》は今日が最後である。たとえ運命が尽きても名を汚すな」と大音声《だいおんじょう》で呼びかけたという。『平家物語』によると、緒戦は潮流の影響の少ない海岸沿いを航行して敵船に斬りこむなど、海戦を熟知した平氏軍が優勢だった。しかし、田口成良が平氏に背いたため、四国・九州の武士が次々と離反。さらに、義経が海戦の暗黙のルールを破って平氏軍の水手《かこ》・梶取《かんどり》を攻撃したため軍船の多くが制御不能となった。敗色が濃厚になる中、平氏一門は次々と入水し、安徳天皇も二位《にい》の尼《あま》（清盛の妻）とともに身を投げた。猛将・教経《のりつね》は船上で義経を追ったが、「八艘《はっそう》飛び」の驚異的なジャンプで逃げられ自害。宗盛と建礼門院徳子《けんれいもんいんとくこ》は捕虜となった。知盛は「見るべ

関門海峡でもっとも幅が狭い早鞆瀬戸を、下関市の火の山公園から望む。源平最後の戦いである壇ノ浦の戦いが行われた場所である

きことは見届けた」という言葉を残して身を投げ平氏は滅亡する。

かつて、海戦に強い平氏が源氏に敗れたのは潮流の変化が原因とされてきた。西から東に流れる潮流が逆向きになることを予測した義経の作戦が奏功したというのだ。しかし現在、潮流の向きや速さが海戦に影響しないことは科学的に証明されている。

そもそも平氏は兵数が少ないうえ味方の裏切りもあった。一方、源氏軍にもプロの水軍が多数加わっており質の面でも遜色はなかった。何より名誉を重んじる平氏には、水夫を殺す邪道な戦いができなかったことが大きいだろう。平氏は最後まで武士の誇りを失わずに戦い、敗れたのである。

Q27

源平合戦が「治承・寿永の乱」と呼ばれる理由とは？

源頼朝の挙兵から壇ノ浦の戦いにいたる全国的な内乱は、一般に「源平合戦」「源平の争乱」などと呼ばれる。それは、この内乱が武家の棟梁の座をめぐる源氏と平氏の争いととらえられてきたためである。しかし、武士の多くは自分の所領や地位を保障してくれる権力を求めて挙兵した。その背景には中央政権への不満や領主間の対立があり、源平の争覇という単純な図式ではとらえられない。そのため、学問の世界では内乱の前後の年号をとって「治承・寿永の乱」と呼ばれている。

中央政権への不満がもっとも激しく表れたのが頼朝の東国だった。治承3年（1179）の清盛のクーデターによって平氏の知行国は倍増し、全国66か国の半数を占めるにいたった。その結果、平氏一門やその家人たちが各国の国司や目代となって支配を強め、在地武士との間に緊張関係が生じたのである。坂東八平氏《ばんどうはちへいし》に数えられる三浦氏や上総氏、千葉氏が頼朝の挙兵に参加したのも、平氏政権の成立によって奪われた所領を守るため、あるい

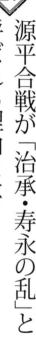

は自身の勢力を伸ばすためであり、平治の乱で没落した源氏の再興を願ったわけでも、ましてや貴族の支配から自立しようとしたのでもない。

富士川の戦いで平氏軍が敗走した際、頼朝は御家人たちに上洛を命じた。しかし、「常陸の佐竹《さたけ》が服従していないので、東国を平定したのちに上洛するべきです」と千葉常胤と上総広常に諭され、鎌倉の経営に専念したことが『吾妻鏡』にみえる。結果的にこの選択は、鎌倉の基盤を固めるうえで奏功したが、彼らは佐竹氏から自身の所領を守りたいという現実的な利害に基づいて頼朝の動きをけん制したに過ぎない。特に広常は一貫して東国の独立を主張し、「朝廷のことばかり気にするのは見苦しい。坂東で泰然《たいぜん》としていれば誰も指一本触れることはできない」と豪語したという。後白河法皇との協調を進めていた頼朝はこれを問題視し、梶原景時に命じて広常を暗殺している。

一方、この内乱を源平の争覇とする見方が当時からあったことも事実だ。それは九条《くじょう》兼実《かねざね》の日記に「源平之乱」という記述があることからもうかがえる。そうした解釈は、源平交替の歴史として内乱を描いた『平家物語』によって定着した。その後、平氏の北条氏、源氏の足利氏へと政権が移り変わる中で、源平が交替で政権を担う「源平交替説」という歴史観が醸成され、織田信長や豊臣秀吉の政権構想にも影響を与えることとなる。

鵺退治の伝説をもつ武家歌人

源《みなもとの》頼《より》政《まさ》（1104～1180）

源頼政は大江山の鬼退治で有名な頼光の子孫である。平治の乱では土壇場で義朝から離反し、乱後も内裏の警備を行う大内守護《おおうちしゅご》として京で活動した。鵺《ぬえ》という怪物を退治した伝説をもつ一方、勅撰集《ちょくせんしゅう》に入る歌人でもあり、京の作法に通じた武人として一目おかれた。晩年には清盛の推挙で武門源氏初の公卿となっている。無上の栄誉を得た頼政が77歳にして以仁王の乱に加担した理由を、『平家物語』は平宗盛から恥辱を受けたためとするが、実際は皇位をねらう以仁王の野望に巻き込まれたのが真相のようだ。平等院には頼政が自害したという「扇の芝」が今も残されている。

白髪を黒く染め故郷に錦を飾る

斎《さい》藤《とう》実《さね》盛《もり》（?～1183）

越前の出身で『宇治拾遺物語』の「芋粥《いもがゆ》」で有名な藤原利仁《としひと》の末裔である。武蔵長井を拠点として源義朝に仕え、大蔵合戦では幼い木曽義仲を助けて信濃に逃した。悪源太義平の精鋭17騎として平治の乱に参加したが敗れて平氏の家人となる。富士川の戦いで戦わずに敗走したことを悔やみ、死に場所を求めて平氏の北陸遠征に参加。老武者と侮られないよう白髪を黒く染め、主君の宗盛に賜った錦《にしき》の直垂《ひたたれ》をつけ、故郷に錦を飾る思いで篠原《しのはら》の戦いに臨み、一騎打ちのすえ討ち取られた。白髪を洗い流して実盛であると気づいた義仲は、涙を流して恩人の死をいたんだという。

2章

頼朝の幕府草創は なぜ成功したのか

Q28 平氏追討の功労者・義経はなぜ兄の頼朝に疎まれたのか?

壇ノ浦《だんのうら》の戦いののち源義経《みなもとのよしつね》は英雄として京に迎えられ、後白河法皇《ごしらかわほうおう》の親衛隊長である院御厩司《いんのみまやのつかさ》に任じられた。義経の人生は絶頂を迎えたが、それは転落の始まりでもあった。

間もなく、源頼朝《よりとも》は自分に許可なく任官した24人の御家人《ごけにん》に東国へ下ることを禁じ、一人ひとりの名前をあげて「鼬《いたち》にも劣る」(佐藤忠信《さとうただのぶ》)、「目は鼠眼《ねずみまなこ》」(後藤基清《ごとうもときよ》)、「顔がふわふわしている」(平山季重《ひらやますえしげ》)などと罵詈雑言《ばりぞうごん》を浴びせた。頼朝は御家人を統制するために、官位などの勲功賞は自身の推挙で行うと定めていたのだ。その直後、義経に従ってはならないとの命令が御家人たちに下される。兄の怒りを知った義経は異心のないことを誓う起請文《きしょうもん》を送り、平氏の捕虜を連れて東海道を下った。しかし、鎌倉入りは許されず、義経は自身の気持ちを切々と書状(腰越状《こしごえじょう》)に綴って頼朝に送ったが返答はなかった。自暴自棄になった義経は「鎌倉に恨みがある者は自分に従え」と言い放ったと『吾妻鏡《あずまかがみ》』は伝える。

なぜ、平氏追討の功労者である義経は頼朝に疎まれたのだろうか。頼朝が義経の台頭を

有名な伝源頼朝像（左）は他者の肖像だとする説、それを否定する説がある。源義経像（右）は、江戸時代に描かれた義経唯一の肖像である（左：神護寺蔵／右：中尊寺蔵）

恐れたから、安徳《あんとく》天皇と三種の神器の宝剣を失ったためなど諸説あるが決め手はない。有名なのが梶原景時《かじわらかげとき》の「讒言《ざんげん》」だろう。景時は合戦後に鎌倉に送った書状で、義経は戦場で勝手な判断が多く戦功を自分一人のものと考え、人々の恨みを買っていると批判した。範頼も同様の不満を訴えており、早期終戦に向けた義経の果断な戦略が独断専行ととられ、頼朝の勘気《かんき》に触れた可能性は高い。

また、義経が勝手に官職につき、法皇の側近として活躍するなど頼朝の統制を離れていくことが、頼朝と御家人との主従関係の秩序を破壊する行いとみられたのだろう。以後、二人は破局へと進んでいく。

Q 29 追い詰められて起こした義経の挙兵はなぜ失敗したのか？

失意のうちに東海道を引き返した義経は、近江で平宗盛《むねもり》・清宗《きよむね》父子を処刑し帰京した。一方、頼朝は義経へのしめつけを強めていく。義経に預けていた平氏没官《もっかん》領（平氏の旧領）20余か所を没収。また、平氏追討の恩賞として受領の最高峰である伊予守《いよのかみ》に義経を任じたが、実権は伊予の知行国主《ちぎょうこくしゅ》である頼朝が握り、各地に地頭《じとう》をおいて義経の国務を妨害した。

さらに義経を追い詰めたのが叔父の源行家《ゆきいえ》の存在だ。頼朝は河内《かわち》で独自の勢力を築いていた行家の追討を御家人に命じたが、同情した義経は病気を理由に延期を申し出た。面会した梶原景季《かげすえ》が義経の憔悴《しょうすい》した様子を報告すると、頼朝は仮病と決めつけ、義経暗殺の刺客として土《と》佐房昌俊《さのぼうしょうしゅん》を京に送る。これを知った義経はついに謀反を決意し、後白河法皇に頼朝追討の許可を請うた。刺客が六条堀川の義経邸を襲撃したのはその直後である。義経は佐藤忠信《ただのぶ》とともに迎え討ち、昌俊を捕え斬首した。翌日、法皇は一部の公卿の反対を退けて頼朝追討の宣旨《せんじ》を発する。文治《ぶんじ》元年（1185）10月18日のことである。

吉水神社（奈良県吉野町）に残る義経・静御前潜居の間。頼朝に追われた義経たちが逃げ込んだといわれる。吉野で別れた義経と静御前は、ふたたび会うことはなかった（著者撮影）

ところが義経たちの期待に反し、畿内近国の武士たちは頼朝の勢威を恐れて招集に応じなかった。失敗を悟った義経は九州で再起を図るため、わずかな軍勢を連れて京を退いた。狼藉もなく静かに都落ちした義経を、兼実は「実にもって義士《ぎし》というべきか」と称えている。だがすでに義経の命運は尽きていた。摂津《せっつ》の大物浦《だいもつのうら》から船出したところ、突如嵐に襲われて遭難。わずかに残ったのは源有綱《ありつな》、堀景光《ほりかげみつ》、武蔵坊弁慶《むさしぼうべんけい》、愛妾の静御前《しずかごぜん》だけだったという。

一行は吉野に潜伏したのち、山伏姿に身をやつして姿をくらました。その後、義経の消息は風聞でのみ伝えられ、歴史の表舞台から姿を消したのである。

Q 30

頼朝は義経の謀反を利用して朝廷の改革を行った？

自身の追討宣旨が出されたことを知った頼朝は、北条時政《ほうじょうときまさ》を京都守護として1000の軍勢とともに派遣した。後白河法皇は平清盛《きよもり》と木曽義仲《きそよしなか》に対して二度、頼朝追討の宣旨を出している。三度目も義経に強要されたものであり、頼朝も察してくれるはずだと法皇はたかをくくっていたのだろう。だが、武家の棟梁《とうりょう》の地位を確立した今は状況が変わっていることに法皇は気づいていなかった。頼朝の怒りを知った法皇は、慌てて義経らの逮捕を命じる院宣《いんぜん》（上皇の命令書）を出し、義経の反乱は「天魔《てんま》の所為《しょい》」と弁解したが、頼朝は「日本国第一の大天狗はほかの誰でもない」といって法皇をなじった。そして、義経の捜索を名目として、朝廷から全国に守護・地頭設置をおく許可（文治勅許《ちょっきょ》）を得たのである。

守護は一国に一人おかれ京都大番役《おおばんやく》の招集と謀反人・殺害人の逮捕の「大犯三箇条《だいぼんさんかじょう》」を行う職、地頭は公領《こうりょう》・荘園におかれる土地の管理者である。この二つは鎌倉幕府の御家人支配の根幹をなす制度であり、全国の軍事・警察権である諸国守護権を公認されたことで、鎌倉幕府が成立したとする説が有力である。頼朝は義経の謀反を最大限に利用して幕府の基盤を固めたのである。

さらに頼朝は「今こそ天下草創《てんかそうそう》のときである」と主張し朝廷の改革を要求した。義経の謀反に加担した公家を解任・流罪に処し、「議奏公卿《ぎそうくぎょう》」を新設して親鎌倉派の公家を抜擢した。国政を審議して法皇に奏上する役職で、平氏政権下から一貫して中立を守ってきた摂関家の九条兼実《くじょうかねざね》（藤原忠通《ただみち》の子）をはじめ、公家源氏の筆頭である村上源氏の源通親《みちちか》、平氏とも親しかった中山忠親《なかやまただちか》など10人で構成される。公卿に国政の重要事項を審議させることで院政を骨抜きにし、武家の意向を朝政に反映させるのがねらいだった。さらに、鎌倉との連絡役だった上皇の近臣《きんしん》・高階泰経《たかしなのやすつね》が配流されたのに伴い、新しく関東申次《かんとうもうしつぎ》をおいて吉田経房《よしだつねふさ》を就任させた。この職は承久の乱ののち西園寺《さいおんじ》家の世襲となり、武家と公家のパイプ役として摂関を超える権力を握る。

もっとも、議奏公卿はあくまで諮問《しもん》機関にすぎず、最終決定権は法皇にあったため頼朝の期待ほど機能しなかったといわれる。法皇を幽閉したことで人々の支持を失った清盛と義仲の失敗をみて、院政を停止するほどの強い措置が取れなかったのだろう。武家が治天《ちてん》の君《きみ》の権力を超えるのは承久の乱を待たなければならなかった。

Q31 義経を慕う歌を舞った静御前はなぜ罰せられなかったのか？

幕府による義経の捜索は難航し、目撃情報から吉野、多武峰《とうのみね》、比叡山、興福寺など寺院勢力にかくまわれながら各地を転々としていることが知られるのみだった。

義経の愛妾・静御前が捕まったのは都落ちから2週間ほどあとのことであった。静は義経とともに吉野に5日間潜伏したが、女人禁制のため入山できなかった。京に戻ろうとしたところ下人に金銀を奪われ、迷って金峯山寺《きんぷせんじ》の蔵王堂にたどりつき捕らえられたという。

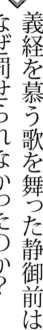

静は有名な白拍子《しらびょうし》だった。白拍子は男装で今様《いまよう》（流行歌）を歌い舞う遊女で、平治の乱で殺された信西《しんぜい》が良い舞を選んで、静の母・磯禅師《いそのぜんじ》に教えたのが始まりという。白拍子の拠点は京であり、二人の出会いも義経在京中の元暦《げんりゃく》元年（1184）頃と推測されている。

鎌倉に送られた静の様子は『吾妻鏡』に記されている。静は尋問を受けたのち、鶴岡八幡宮で舞を披露することになった。妊娠が発覚し出産まで逗留することになったためだ。静は晴れの場に出るのは恥辱だと断ったが政子の希望により実現し、工藤祐経《くどうすけつね》の鼓、畠山重忠《はたけやましげただ》

静御前が舞を披露した鶴岡八幡宮の若宮廻廊跡に建つ舞殿(神奈川県鎌倉市)。「吉野山 みねのしら雪 踏み分けて いりにし人の あとぞ悲しき」と歌い義経を偲んだという

の銅拍子《どうびょうし》を伴奏にみごとな舞を披露し人々を感動させる。しかし、今様の歌詞が義経を慕う内容だったことが頼朝の怒りを招いた。「関東の繁栄を祝うべきなのに、反逆者を慕うとは奇怪である」と責める頼朝。それをとりなしたのが政子である。流人だった頼朝と引き離された悲しみ、挙兵直後の心細さを語り、義経を思う静の気持ちを代弁したので、頼朝も心をしずめ褒美の衣を与えたという。その4か月後、静は義経の子を生んだが、男子だったため由比ヶ浜《ゆいがはま》で殺された。受け取り役が来た時、静は赤子を抱きかかえて数刻泣き叫び、政子も頼朝をなだめたが許されなかったという。

帰京した静のその後は不明である。

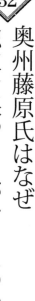

Q32 奥州藤原氏はなぜ独立を保つことができたのか？

義経が奥州平泉にたどり着いたのは文治3年（1187）2月頃であった。そこに至る経路は不明だが、軍記物語の『義経記《ぎけいき》』が語るように北陸道をたどった可能性が高い。北陸道は修験者《しゅげんじゃ》の聖地が連なる地域で、山伏姿の義経一行には都合がよかった。

平泉を拠点とする奥州藤原氏は、後三年《ごさんねん》の役《えき》で奥羽《おうう》の覇者となった藤原清衡《きよひら》に始まる。東北地方は平安前期から、東側の陸奥《むつ》は鎮守府《ちんじゅふ》、西側の出羽《でわ》は秋田城《あきたじょう》という軍政機関が現地支配を行った。朝廷は陸奥の安倍《あべ》氏や出羽の清原《きよはら》氏など、俘囚《ふしゅう》（朝廷に帰順した蝦夷《えみし》）の長《ちょう》・主《しゅ》を称する有力豪族を在庁官人筆頭に任じて一定の自治を認めた。前九年《ぜんくねん》・後三年の役を通して両氏の地位を受け継いだ清衡も「俘囚の上頭《じょうとう》」を称して支配の根拠とし、陸奥南端の白河関《しらかわのせき》と北の津軽外《つがるそと》ヶ浜《はま》の中間の平泉に拠点をおいて奥羽全域に影響力をおよぼした。歴代当主は金色堂《こんじきどう》で有名な清衡の中尊寺《ちゅうそんじ》をはじめ、2代・基衡《もとひら》は毛越寺《もうつうじ》、3代・秀衡《ひでひら》は無量光院《むりょうこういん》を建立し、平泉に華麗な仏教文化を花開かせた。朝廷や摂関家への貢納も欠

3代・秀衡が造営した無量光院跡（岩手県平泉町）。かつては平等院鳳凰堂を摸した大伽藍が建ち、宇治川に見立てた巨大な苑池が広がっていた（筆者撮影）

かさず、中央と良好な関係を保ったことも安定した支配につながったといわれる。

　秀衡の時代には、日宋貿易の輸出品として需要が増した奥州産の砂金を確保したいという政権の思惑もあって、武家の名誉職である鎮守府将軍（東北支配の軍政官）の地位を得る。内乱期には関東の頼朝を牽制する役割を期待され、破格の陸奥守《むつのかみ》に就任し奥州藤原氏の最盛期を築いた。「奥州17万騎」と称される強大な軍事力をもち、常陸《ひたち》の名門・佐竹《さたけ》氏とも姻戚関係を築いた秀衡は、幕府にとって大きな脅威であり続けたのである。しかし、平氏の滅亡によってこの均衡は崩れ、奥州藤原氏にも幕府の脅威が迫ろうとしていた。

Q 33

義経は奥州藤原氏の主君になるはずだった？

幕府の追及を受けた義経は、なぜ奥州藤原氏を頼ったのだろうか。鞍馬寺で暮らしていた少年時代の義経が平氏打倒を志して京を脱出した時の逃亡先も平泉であった。母・常盤《ときわ》御前《ごぜん》の再婚相手が藤原秀衡の妻の父・藤原基成《もとなり》と姻戚関係にあったためと推測されている。

今回、秀衡が義経を受け入れたのは、頼朝の脅威が迫っていたためだろう。馬や矢羽など軍事物資の宝庫である奥州への進出は源頼義《よりよし》以来の宿願であり、義経が逃亡した頃から頼朝は奥州藤原氏へ圧力をかけていた。朝廷への馬と砂金の貢納を幕府経由で行うよう命じ、東大寺の大仏復興のために3万両の砂金の供出を要求するなど幕府の優位を示そうとしたのだ。奥羽の独立が侵されつつあることを悟った秀衡は、源氏の嫡流である義経を推戴し、頼朝に対抗しうる権威を打ち立てようとしたといわれる。しかし、間もなく秀衡は病にかかり、義経を大将軍として国務を行うよう嫡子・泰衡《やすひら》に遺言して亡くなる。この約束が果たされていれば、義経率いる奥州軍と幕府軍の激突が実現したかもしれない。

Q34 なぜ、藤原泰衡は義経を自害に追い込んだのか？

藤原秀衡の死後、平泉では泰衡と異母兄の国衡《くにひら》が、義経とともに頼朝を襲う策略を練ったという。阿津賀志山《あつかしやま》に巨大な防衛陣地を築き、義経も奥羽で兵を招集するなど幕府軍との戦いに向けて準備が進められた。一方、秀衡の死を知った頼朝は奥州にさらなる圧力をかけていく。朝廷をとおして泰衡に義経の逮捕を命じ、重ねて義経・泰衡の追討宣旨を要求した。頼朝の強大化を恐れる朝廷は応じなかったが、圧迫に耐え切れなくなった泰衡は文治5年（1189）、数百騎の手勢で義経の衣河館《ころもがわのたち》を襲撃する。義経の家人《けにん》も必死に応戦したが敗れ、義経は妻と娘を殺して自害。義経の首は美酒に浸され鎌倉に送られた。

泰衡は義経を犠牲にすることで平泉を守るつもりだったのだろう。しかし、この時すでに頼朝は全国から奥州攻めの軍勢を招集していた。そればかりか、義経の首が送られてきたあとも再度、泰衡追討の宣旨を朝廷に求めたのだ。頼朝のねらいはあくまで奥州の権益を奪うことにあり、義経問題は口実でしかなかったことに泰衡は気づかなかったのである。

Q 35 頼朝はなぜ奥州合戦で前九年の役を再現したのか？

文治5年（1189）7月、頼朝は28万騎と称する大軍で奥羽に攻め込んだ。軍勢は奥《おく》大道《だいどう》を進む大手《おおて》軍、太平洋側を進む東海道軍、出羽方面の掃討《そうとう》を行う北陸道軍の三方面に分かれて侵攻した。頼朝率いる大手軍は白河関《しらかわのせき》を越えて陸奥に入り、大規模な二重堀が築かれた阿津賀志山で藤原国衡率いる奥州軍の主力と激突。小山朝政《おやまともまさ》や和田義盛《わだよしもり》、下河辺行平《しもこうべゆきひら》、三浦義澄《みうらよしずみ》らが激闘を繰り広げたのち、結城朝光《ゆうきともみつ》が敵の背後の山から奇襲をしかけたため奥州軍は総崩れとなり、国衡は畠山重忠《はたけやましげただ》の手勢に討ち取られた。

最大の激戦を制した幕府軍は、多賀国府《たがこくふ》で千葉常胤《ちばつねたね》・八田知家《はったともいえ》の東海道軍と合流。平泉に入ると、すでに泰衡は逃走していたためさらに北上し、志波郡陣岡《しわじんがおか》で比企能員《ひきよしかず》・宇佐美《うさみ》実政《さねまさ》の北陸道軍と合流した。やがて、家人・河田次郎《かわだじろう》の裏切りにあい討ち取られた泰衡の首が届けられ、ここに4代・100年の栄華を誇った奥州藤原氏は滅亡する。しかし、頼朝はさらに全軍を率いて北上し岩手郡厨川《くりやがわ》で終戦宣言を行い、3か月におよんだ奥州合戦は幕を閉じた。

最後の厨川の場面で『吾妻鏡』が「頼義の吉例に従い宿願を果たした」と述べているとおり、実はこの戦いは前九年の役を再現したものだった。軍旗や梟首《きょうしゅ》の儀式、厨川への進軍、合戦終結の日付まで、頼義の先例に基づいて行われた。頼朝にとって頼義は源氏の栄光を体現する武将であった。その頼義に自身をなぞらえ、全国から動員した御家人たちに前九年の役を追体験させることで、源氏の棟梁としての権威を確立しようとしたといわれている。

奥州合戦は頼朝の全国制覇の総決算であるとともに、日本で唯一の武家の棟梁であることを認めさせる政治的デモンストレーションだった。

Q36 頼朝の征夷大将軍就任は消去法で決まった？

奥州合戦に勝利した頼朝は、建久元年《けんきゅう》（1190）11月、伊豆に流されて以来、30年ぶりに上洛した。馬上の頼朝を中心に1000騎の騎馬武者が三列になって行進する華やかな凱旋《がいせん》パレードは、「天下落居《てんからっきょ》」といわれた平和の到来を人々に印象づけた。この上洛中、頼朝は武官の最高峰である右近衛大将《うこんえのだいしょう》に任じられたが、すぐに辞任する。御家人に任官を禁じたのと同様、頼朝自身も朝廷から距離をおこうとしたのだろう。

同3年、後白河法皇が66歳で崩じたのち、頼朝は征夷大将軍に就任する。東北の蝦夷征討のため臨時に任命される遠征軍の総司令官で、胆沢《いさわ》城を築いた坂上《さかのうえの》田村麻呂《たむらまろ》が就任したことで知られる。従来、頼朝がこの官職を熱望したが法皇の反対で任官できず、法皇の死によりようやく実現したといわれてきた。しかし、近年発見された史料によって、頼朝が望んだのは「大将軍《だいしょうぐん》」だったことがわかっている。この頼朝の要望を受け、朝廷は惣官《そうかん》・征東大将軍・征夷大将軍・上将軍《じょうしょうぐん》の四候補をあげて検討。惣官は平宗盛《むねもり》、征東大将軍は木

源頼朝木像。中山（藤原）忠親の日記『山槐記』の断片に、頼朝が征夷大将軍に任官する経緯が述べられている。書名は中山の家名と大臣の唐名の三槐に由来する（甲斐善光寺蔵）

曽義仲の先例が不適切であり、上将軍は中国にしかないため、田村麻呂の吉例をふまえて征夷大将軍に決まったという。頼朝自身が望んだのではなく、朝廷が候補の中から消去法で決めた称号だったのである。

頼朝がこの称号を求めたのは、古くからある鎮守府将軍や就任者の多い征東大将軍などを超える、新たな権威を欲したためといわれる。ただしこの時は、まだ将軍の就任と幕府の首長であることはイコールではない。2代・頼家《よりいえ》が頼朝の後を継いだ時、最初に朝廷に認められたのは諸国守護権で、将軍就任はその3年後だった。3代・実朝《さねとも》以降、代を重ねる中で定着し室町・江戸幕府へ受け継がれていったのである。

Q37

鎌倉幕府の成立年は諸説あり定まってはいない？

「イイクニつくろう鎌倉幕府」のゴロ合わせで知られるとおり、従来、頼朝の征夷大将軍就任をもって鎌倉幕府の成立と考えられてきた。幕府は本来、出征中の将軍の本営、日本では内裏を守る近衛府《このえふ》や近衛大将の中国風の呼び名だった。武家政権をさすようになるのは江戸時代以降のことで、鎌倉時代には「武家」「関東」などと呼ばれた。将軍就任をもって幕府の成立とする説は言葉の意味による形式的なもので、政権の本質や歴史的な意義を説明できていない。そのため現在、幕府権力のとらえ方によって複数の説がある。

①頼朝が関東を実効支配して御家人の統括機関の侍所《さむらいどころ》をおいた治承《じしょう》4年（1180）や、②「寿永二年十月宣旨」により東国の支配権を公認された寿永2年（1183）とする説は鎌倉幕府を東国の軍事政権とみる立場である。一方、③幕府の政務や財政を掌《つかさど》る公文書《もんじょ》（政所《まんどころ》）と、訴訟の審理を行う問注所《もんちゅうじょ》が整備された元暦《げんりゃく》元年（1184）とする説は、組織論からみた解釈といえる。

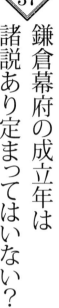

鎌倉幕府成立をめぐる6つの説

説①	治承4年(1180)	頼朝が鎌倉を本拠地にして、南関東を実質的に支配する
説②	寿永2年(1183)	頼朝の東国支配権が朝廷から公認される
説③	元暦元年(1184)	鎌倉に公文所と問注所を設置する
説④	文治元年(1185)	頼朝が守護・地頭の任命権などを獲得する
説⑤	建久元年(1190)	頼朝の諸国守護権が公認される
説⑥	建久3年(1192)	頼朝が征夷大将軍に就任する

幕府を諸国守護（全国の軍事・警察権）を担う公権力として位置づけるのが、④文治勅許で守護・地頭設置が公認された文治元年（1185）、⑤挙兵後初めて上洛し日本国惣追捕使《にほんこくそうついぶし》・惣地頭《そうじとう》の地位を確認された建久元年（1190）。そして語義論による解釈が、⑥頼朝が征夷大将軍になった建久3年（1192）である。注意したいのは、①③以外は朝廷から何らかの権限を認められたことを画期としている点だ。朝廷から公権を得ることが、幕府成立の条件として重視されている。

ただし、頼朝が幕府の樹立を宣言したわけではない以上、ある一時期をとりあげて幕府の成立とするのは困難である。頼朝と御家人たちが内乱を通じてさまざまな権利を勝ち取る中で、段階的に構築されたと考えるのが妥当だろう。

Q38 鎌倉にあった幻の大寺 永福寺はなぜ建てられた？

禅寺のイメージが強い鎌倉だが、かつてここに極楽浄土に見まがう華麗な寺院があった。源頼朝が創建した永福寺《ようふくじ》である。本堂の二階堂と阿弥陀《あみだ》堂、薬師堂の三堂を中心に多宝塔《たほうとう》、釣殿《つりどの》、鐘楼《しょうろう》からなる壮大な伽藍《がらん》を誇り、室町時代半ばに火災で失われるまで武家の庇護を受けて繁栄した。鎌倉市二階堂で発掘調査が行われ、本堂の基壇《きだん》や苑池《えんち》が公開されている。

創建のきっかけは、頼朝が奥州合戦の際に平泉で見た中尊寺や毛越寺などの仏教建築であったという。合戦から3か月後に建築計画が始まり、5年をかけて三堂が完成。貴族の邸宅を思わせる雅な境内で、歴代将軍は花見や月見、蹴鞠《けまり》を楽しんだ。

華やかさとは裏腹に、永福寺の創建には怨霊鎮魂の目的もあった。頼朝の政庁・大蔵《おおくら》幕府の鬼門《きもん》（北東）にあるのはそのためだ。頼朝が恐れたのは源義経と藤原泰衡の霊だった。『吾妻鏡』には「さしたる朝敵ではないのに、私の宿意をもって滅ぼした」と記されている。奥州合戦が大義のない戦いだったことを、御家人たちは自覚していたのである。

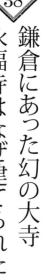

Q39 富士野の巻狩には武芸演習以外の目的があった？

巻狩《まきがり》は鹿や猪を囲いの中に追い込んでしとめる狩猟行事である。神事や遊興として行われたが、馬上から動く動物を射るため、武士にとっては実戦を想定した軍事訓練でもあった。頼朝もこれを重視し後白河法皇の喪が明けた建久4年（1193）4月以降、下野《しもつけ》の那須野《なすの》や信濃《しなの》の三原野《みはらの》などで盛んに催している。武家の棟梁である頼朝にとって、大規模な軍事動員を伴う巻狩は、東国武士に権威を示すデモンストレーションでもあったのだ。

中でも5月の富士野《ふじの》の巻狩は特別な催しとなった。12歳の嫡子・頼家を頼朝の後継者として御家人たちに認知させる目的があったためだ。この時、頼家は自ら鹿をしとめたので、頼朝は喜びのあまり梶原景高《かじわらかげたか》を使者に立て鎌倉に告げた。しかし、母の政子は感心することもなく「武将の嫡子が鹿や鳥をとったくらいで使者を出すとは軽々しい」といって景高の面目をつぶしたという。政子の女傑ぶりを示す逸話だが、頼家の後見として北条氏の対抗勢力になりつつあった梶原一族への不満を表したものだったともいわれる。

Q 40

日本三大仇討の一つ曽我兄弟の仇討には黒幕がいた?

富士野の巻狩では後世に残る大事件が勃発している。「日本三大仇討《あだうち》」の一つ、曽我《そが》兄弟の仇討である。半月におよぶ狩りが終わろうとしていた頃、頼朝の宿営に曽我十郎祐成《すけなり》と五郎時致《ときむね》の兄弟が乱入して頼朝の寵臣《ちょうしん》・工藤祐経を殺害した。その後、兄弟は御家人を多数殺傷したすえ祐成は仁田忠常《にったただつね》に討たれた。弟の時致は頼朝めがけて走り寄り、頼朝が太刀をとって立ち向かおうとしたところ大友能直《おおともよしなお》に押しとどめられ捕らえたという。

事件の発端は17年前にさかのぼる。頼朝が伊豆の流人だった頃、工藤祐経が上洛中、一族の伊東祐親《いとうすけちか》に所領を奪われたため、祐親の子・河津祐泰《かわづすけやす》を殺害した。祐泰の子、祐成と時致は母の再婚相手である曽我を名乗り、復讐の志を抱いてきたという。尋問で時致は「頼朝に恨みを述べて自害するつもりだった」と語って処刑された。実は曽我兄弟は北条時政の庇護を受けており、時致は時政を後見人として元服している。今回の宿営の準備も時政が行っており、時政が兄弟の仇討を手引きした可能性は高い。時政が兄弟を使って頼朝暗

曽我兄弟の菩提寺・曽我寺（静岡県富士市）に立つ兄弟の銅像。後世、この事件を脚色した『曽我物語』が誕生し、広く人々に親しまれた

殺を企てたとする説もあるが、時政にはメリットが少なくうがちすぎだろう。

ただし、事件が単なる仇討ではなく政変であったことは事実のようだ。事件直後、頼朝が討たれたという誤報が鎌倉にもたらされた。留守を預かっていた頼朝の異母弟・範頼《のりより》は悲嘆する政子に「私がいるから安心です」といったところ、頼朝は範頼が鎌倉殿の地位をねらっていると疑い謀反の嫌疑で幽閉、殺害した。さらにこの直後、挙兵以来の重臣である大庭景義《おおばかげよし》と岡崎義実《おかざきよしざね》が謎の出家を遂げている。そのため、事件の背後に頼家の後継指名に不満をもつ御家人がいて、範頼擁立のクーデターを計画したのではないかとする説もある。

Q 41 頼朝が天皇の外戚になろうとしたのはなぜか？

建久6年（1195）、頼朝は東大寺大仏殿の再建供養のため2度目の上洛を行った。平氏に焼き討ちされた東大寺の再建には、頼朝も所領の寄進や御家人の動員など多大な援助を行った。後鳥羽天皇と関白《かんぱく》・九条兼実《くじょうかねざね》の隣席のもとで行われた儀式では、数万の幕府軍が東大寺の周囲を固める中で、頼朝も政子とともに桟敷《さじき》を構えて見物したという。

しかし、今回の上洛の目的はそれだけではなかった。頼家を参内させて後継者として認知してもらうこと、そして長女・大姫《おおひめ》の入内《じゅだい》を進めるためであった。かつて大姫には木曽義仲の嫡子・義高《よしたか》という婚約者がいた。義仲が頼朝と和睦した際、人質として鎌倉に送られたが、当時6歳だった大姫との仲は睦まじかったらしい。しかし、義仲の滅亡後、12歳の義高は殺され、それ以来、大姫は悲しみのあまり病がちとなった。その罪滅ぼしのためでもあったのか、頼朝は大姫を後鳥羽天皇の后に入れる計画を立てたのだ。

頼朝は宮廷で権勢を誇る丹後局《たんごのつぼね》や源通親《みちちか》に多額のワイロを贈って仲介を依頼した。一

大姫の入内をめぐる関係

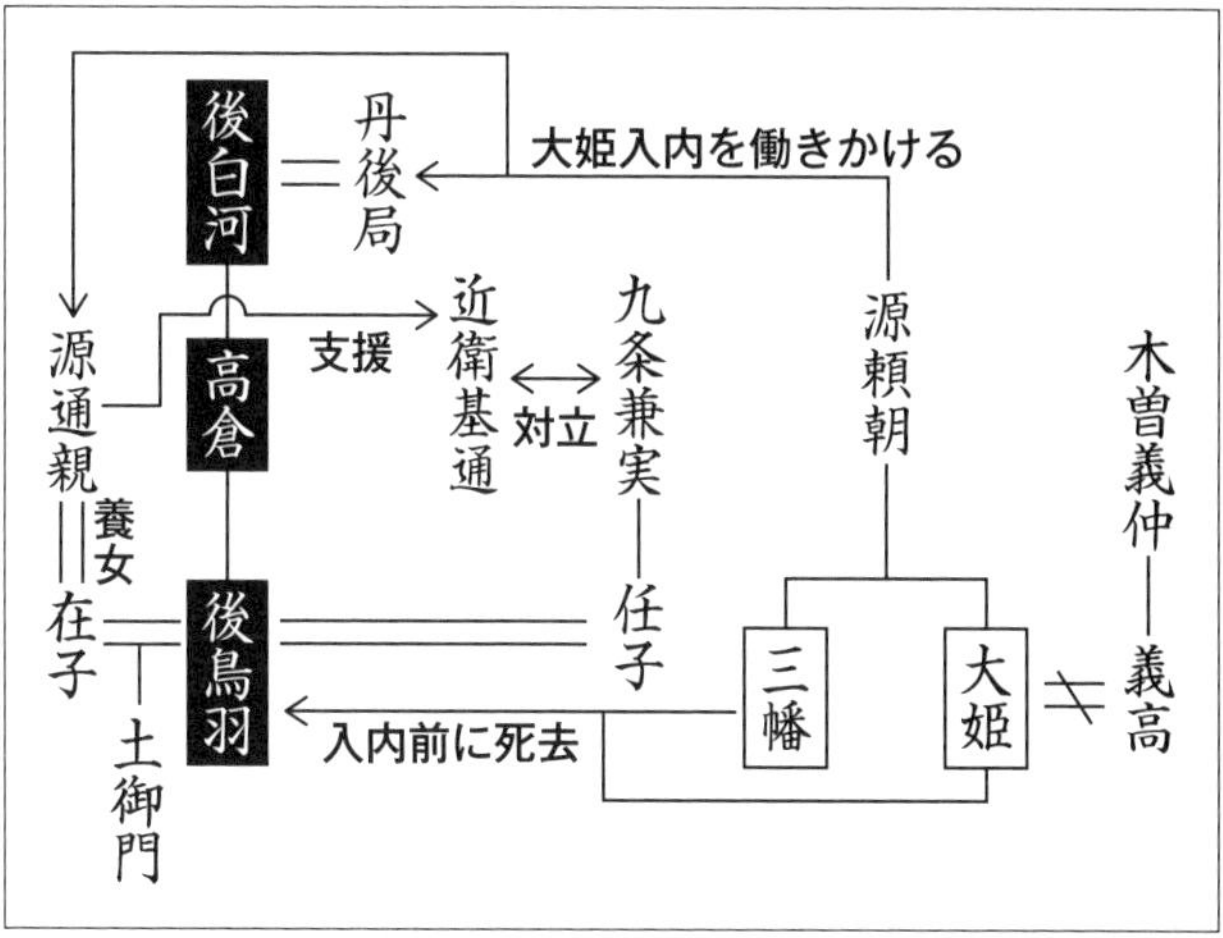

方、天皇の外戚の地位をねらっていた兼実は頼朝の後ろだてを失い、通親の陰謀により失脚する（建久七年の政変）。だが、肝心の大姫も翌年20歳で亡くなり頼朝の計画は頓挫《とんざ》。結局、通親の外孫・土《つち》御門《みかど》天皇が即位し、頼朝の計画は廷臣《ていしん》たちの政争の具に利用されて終わった。

大姫の入内計画は、頼朝が天皇の外戚の地位をねらったものとして、晩年の失政にあげられることが多い。ただし、頼朝の死後も次女・三幡《さんまん》の入内が計画されており、北条氏の家格上昇をねらう時政や政子の野望ともいわれる。いずれにせよ頼朝が朝廷に接近したことで、鎌倉殿と御家人との距離を広げる結果となった。

Q42 平氏は壇ノ浦の戦いのあとも源氏に対して抵抗を続けた？

壇ノ浦《だんのうら》の戦いで平氏本隊は壊滅したが、家人の中には戦場を脱した者も多く、その後も残党による反乱や暗殺未遂事件が続発した。平重盛《しげもり》の子・忠房《ただふさ》は屋島《やしま》の戦いののち紀州の豪族・湯浅《ゆあさ》氏にかくまわれていた。そこへ壇ノ浦から上総五郎兵衛忠光《かずさのごろうびょうえただみつ》、越中次郎兵衛《えっちゅうのじろうびょうえ》盛継《もりつぐ》、悪七兵衛景清《あくしちびょうえかげきよ》ら有力家人が集結し湯浅氏とともに挙兵。3か月にわたって籠城戦を展開したが兵糧切れで降伏し、忠房は助命を条件に鎌倉に下りだまし討ちにされた。

家人のうち、忠光は建久3年（1192）、鎌倉・永福寺の普請現場で発見され斬首。盛継は京に潜伏しているところ密告を受けて処刑された。重盛の家人・平家資《いえすけ》は東大寺の落慶供養で上洛した頼朝の命をねらい捕縛。この逸話は後世、景清を主人公とした幸若舞《こうわかまい》となり、歌舞伎・浄瑠璃の定番「景清物《かげきよもの》」に発展する。同7年には京都守護・一条能保《いちじょうよしやす》（頼朝の妹婿）襲撃を企てた平知盛《とももり》の遺児・知忠《ともただ》が、京の法性寺《ほっしょうじ》一橋《いちのはし》の近くで発見され自害。滅亡から10年後も、一門や家人たちは源氏への恨みを晴らすべく策動し続けたのである。

Q43 鎌倉幕府の正史『吾妻鏡』はどんな理由で編纂されたのか？

『吾妻鏡』は鎌倉幕府の公式の歴史書である。以仁王《もちひとおう》の令旨《りょうじ》が出された治承4年（1180）から6代将軍・宗尊《むねたか》親王が鎌倉を追われた文永《ぶんえい》3年（1266）までの記録を、将軍の年代記の形式で記している。頼朝の挙兵や平氏との戦い、義経の謀反、奥州合戦、富士野の巻狩、承久《じょうきゅう》の乱、宝治《ほうじ》合戦などの重大事件が幕府の視点で記されている。政治や合戦、朝廷との関係など鎌倉幕府の成立・発展の過程を探る基本史料となっており、徳川家康をはじめ後世の武将も愛読した。北条政権下で編纂されたため、北条氏に都合の悪い事実は脚色・曲筆されている可能性もあり、史料として扱う場合は注意が必要とされる。

同書の成立は鎌倉時代後半と推測されている。なぜこの時期に編纂が企画されたのだろうか。当時、御家人の家では分割相続により所領が細分化されたことで窮乏化が進み、一族内の所領争いが激化していた。各家の成り立ちを振り返ることで御家人としての存在意義を再確認するとともに、鎌倉幕府のあり方を問い直すねらいがあったといわれる。

Q 44

頼朝の死は本当に落馬が原因だったのか？

源頼朝は建久10年（1199）1月、53歳で世を去った。前年12月、相模川の橋供養に参列した帰り道に落馬し、しばらくして亡くなったという。詳しい死因が分からないのは、この時期の『吾妻鏡』の記事が欠落しているためだ。落馬の件はこの13年後、橋の修理が話し合われた際、頼朝の死が話題にのぼったことからうかがえるのみである。

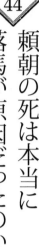

頼朝の死は京の公家を驚かせた。頼朝の死が伝わる直前、藤原定家《さだいえ》は『明月記《めいげつき》』に頼朝が急病にかかり出家したと記し、近衛《このえ》家実《いえざね》は『猪隈《いのくま》関白記』に飲水病《のみみずびょう》（糖尿病）で重態になったという噂を書き留めている。いずれにせよ急死だったことは事実で、慈円《じえん》（九条兼実の弟）は歴史書『愚管抄《ぐかんしょう》』で「人々は夢か現《うつつ》かと思うばかりだった」と記している。

一方、頼朝の死を怨霊の祟りとする説もあったらしい。南北朝期成立の『保暦間記《ほうりゃくかんき》』によると、橋供養の帰り道、頼朝が辻堂の八的《やまと》ヶ原にさしかかると源義経や行家らの亡霊が現われてにらみ合いとなり、稲村《いなむら》ヶ崎では安徳天皇の亡霊が海上に現われ「今こそ見つけ

鎌倉の法華寺跡にある源頼朝の墓。現在の墓は、頼朝から薩摩・大隅・日向の守護に任じられた島津氏によって、江戸時代に整備されたもの

たぞ！」と叫んだ。その後、ほどなくして発病し亡くなったという。東大寺の再建に協力した宋《そう》の工人・陳和卿《ちんなけい》は「多くの人の命を奪って罪業が深い」という理由で頼朝との面会を拒んだという。怨霊の真偽は分からないが、多くの政敵を滅ぼして権力を手にした頼朝を非難する世論が、こうした怨霊伝説を生んだのかもしれない。

『吾妻鏡』に死亡記事がないため、頼朝を暗殺した北条氏が意図的に削除したとする説もある。ただ、同書は将軍ごとに担当者を決めて同時並行で編纂が行われたらしく、しばしば将軍末期の記事が欠落しており、頼朝についても編纂が間に合わなかった可能性がある。

Q
45

なぜ、頼朝は短期間で鎌倉幕府を築くことができたのか？

流人から身を起こし、わずか10年で武家政権の頂点に立った頼朝。鎌倉武士の強さがその覇業を支えたのは確かだが、なぜ頼朝は精強な軍団を作ることができたのだろう。

鎌倉幕府の主従関係の基本は「御恩《ごおん》と奉公《ほうこう》」である。御恩は鎌倉殿が御家人に所領や官位・役職などを保証すること、奉公は合戦への従軍や京都大番役《おおばんやく》など御家人による軍事奉仕である。頼朝の軍団ではこの「御恩」が特に有効に機能した。頼朝は内乱を勝ち抜くため、敵味方を明確に分けた。周囲の武士に対して、味方につくか敵対するかの二者択一を迫り、味方につかない者は徹底的に殲滅した。逆に味方についた武士には、もとの所領を保障する本領安堵《ほんりょうあんど》、敵方から没収した所領を与える新恩給与《しんおんきゅうよ》を行った。これができたのは、頼朝の政権が反乱軍として出発したためである。公権に基づく動員命令も恩賞も出せない頼朝は、独断で御家人の所領を保障し信頼を勝ち取るしかなかったのだ。彼らが新恩給与を得るために軍功を競い合ったことで、駆武者《かりむしゃ》（臨時戦闘員）の多い平氏軍を圧倒す

将軍と御家人の契約関係

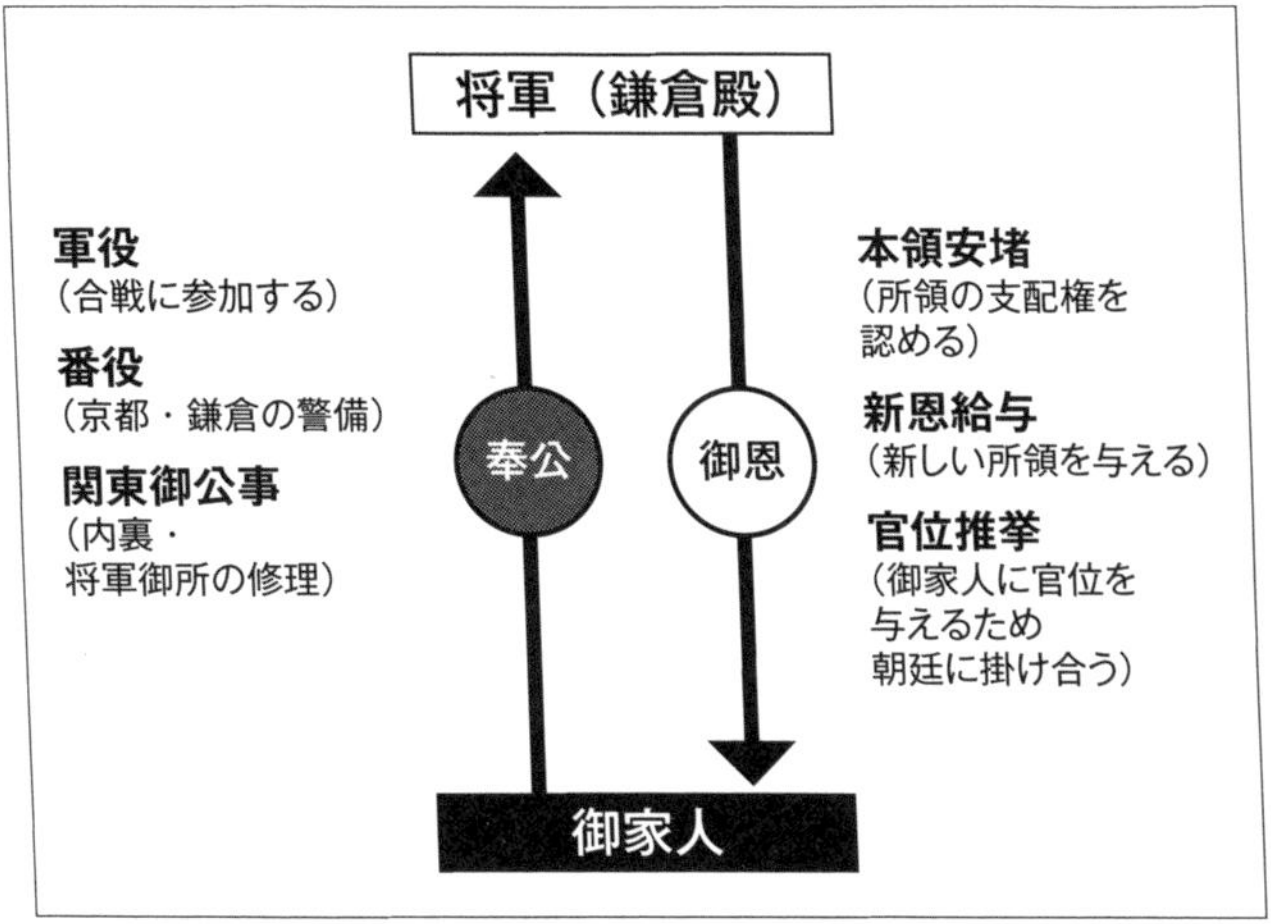

る強力な軍団が生まれ、鎌倉幕府の樹立という偉業を成し遂げたのである。

　これ以前にも武士への恩賞として、官位や荘官《しょうかん》の地位などが与えられることはあった。しかし、それらはあくまで朝廷が下すもので、武家の棟梁はその取次《とりつぎ》役に過ぎず、平氏政権も例外ではなかった。そのため棟梁が与える御恩は一代限りであったが、鎌倉幕府では将軍が替わるたびに本領安堵が行われたため、所領を介した継続的な主従関係を構築することができた。一方、内乱が終わると御家人たちは新たな所領を得られなくなり、それが頼朝の死後、御家人同士の争いを招く要因になったともいわれる。

頼朝の覇業を陰で支えた怪僧

文《もん》覚《がく》(1139~1203)

もとは公家に仕える遠藤盛遠《えんどうもりとお》という武士だった。人妻の袈裟御《けさご》前《ぜん》に恋をして誤って殺害。出家して荒行《あらぎょう》を積み高い法力《ほうりき》を得たという。神護寺《じんごじ》の再興を志し、後白河法皇の御所に乱入して伊豆に配流。『平家物語』では法皇の院宣《いんぜん》を頼朝にもたらし挙兵を促したとされる。これは創作だが、赦免後も法皇と頼朝の間を取り次ぎ、義朝の髑髏《どくろ》を鎌倉に送るなど奔走。頼朝も神護寺に所領を寄進して支援した。しかし、平氏滅亡後は一転して平維盛《これもり》の子・六代《ろくだい》(清盛の曽孫)の助命を嘆願し弟子に迎え、後鳥羽上皇に逆らい配流されるなど権力におもねらない姿勢を貫いた。

政子の嫉妬の餌食になった頼朝の愛妾

亀《かめ》の前《まえ》(生没年不詳)

頼朝の愛妾。容貌が美しく性格も柔和で、伊豆配流中から頼朝に仕えたという。北条政子の懐妊中、頼朝の寵愛《ちょうあい》を受け伏見広綱《ふしみひろつな》の家に囲われたが、頼家出産後、時政の後妻・牧の方《まきのかた》の告げ口により発覚。怒った政子は牧の方の父(または兄)・宗親《むねちか》に命じて広綱の邸宅を破壊させた。これを知った頼朝は大いに怒り、宗親は泣きながら逃亡。広綱は政子により遠江に追放された。その後、亀の前は政子の怒りにおびえながら中原光家《なかはらのみついえ》の家に隠れ住んだが、頼朝の寵愛は日を追って募ったので、やむをえず従ったという。御家人を犠牲にしてでも守りたいと頼朝に思わせる魅力を備えた女性だった。

3章

暗躍する北条義時

Q46 「十三人の合議制」は頼家の専制を抑えることが目的？

頼朝の死後、18歳の嫡男・頼家《よりいえ》が後を継いだ。朝廷は頼家を左近衛中将《さこんえのちゅうじょう》に任じ、鎌倉殿の任務である「諸国守護」を命じる。これにより、日本の軍事・警察権を頼家が握ることが認められ、武力によって国家を守護する幕府の役割が改めて確認された。

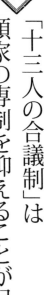

しかしその3か月後、頼家が直接訴訟の採決を行うことが禁じられ、御家人《ごけにん》13人が合議で決定することが定められた。「十三人の合議制」と呼ばれ、将軍の外祖父である北条時《ほうじょうとき》政《まさ》・義時《よしとき》父子以下、挙兵の功労者である三浦一族から義澄《よしずみ》と和田義盛《わだよしもり》、頼朝側近の安達盛《あだちもり》長《なが》、頼家の妻の父・比企能員《ひきよしかず》と乳母《めのと》の夫・梶原景時《かじわらかげとき》、大江広元《おおえのひろもと》・三善康信《みよしやすのぶ》ら京下りの官僚などで構成された。源氏の縁戚、武士や文官をそろえたバランスの良い人選といえる。

一般的にこの制度は、鎌倉殿である頼家の専制を抑え、御家人が意思決定を行う制度であると理解されてきた。しかし、実際はメンバー数人が評議した結果を将軍に上申するもので、最終決定権は頼家にあった。そのため、頼家への訴訟の取り次ぎを13人に限定するこ

十三人の合議制メンバー

大江広元(1148~1225)	政務を担当する政所の別当(長官)
中原親能(1143~1208)	政務を行う公事奉行人
三善康信(1140~1221)	裁判·訴訟を担当する問注所執事(長官)
二階堂行政(生没年不詳)	政務を担当する政所の別当(長官)
和田義盛(1147~1213)	軍事·警察を担当する侍所の別当(長官)
梶原景時(?~1200)	軍事·警察を担当する侍所の所司(次官)
比企能員(?~1203)	頼家の舅《しゅうと》・一幡の外祖父として台頭
北条時政(1138~1215)	頼朝の舅として権勢を振るうが、比企氏と対立
北条義時(1163~1224)	時政の子。合議制後は実朝を将軍に擁立する
安達盛長(1135~1200)	頼朝の流人時代から従う幕府の重鎮
三浦義澄(1127~1200)	頼朝挙兵時から従い、鎌倉のある相模守護を務める
足立遠元(生没年不詳)	頼朝挙兵時から従い、公文所の寄人(職員)を務める
八田知家(1142~1218)	奥州攻めでは東海道軍の総大将を務めた

※大江、中原、三善、二階堂は公家出身

とで、頼家の側近が幕政に口出しすることを防ぐことが目的だった、あるいは経験の浅い頼家の政務を支える制度であったと積極的に評価する声もある。

　とはいえ、鎌倉殿の権力に一定の制限が加えられたのは事実であった。頼家もこの措置に不満をもち、自身の側近が狼《ろう》藉《ぜき》を行っても訴えてはならない、源平の内乱期に御家人に与えられた所領の一部を側近にわけ与えよなどと命じて、御家人たちに諫められている。強力な側近集団を編成し将軍権力を強化しようとする頼家と、既得権益を守ろうとする有力御家人たちの溝は大きく、頼家の治世は波乱含みの船出となったのである。

Q47 梶原景時はなぜ66人もの御家人に訴えられたのか？

頼家政権の発足とともに始まった「十三人の合議制」だったが、決して一枚岩ではなかった。メンバーの比企能員と梶原景時はそれぞれ頼家の妻の父、乳母の夫であり、重臣として頼家を支える立場にあった。一方、頼家の弟・千幡《せんまん》（実朝）を擁立して主導権を握ろうとしていたのが北条時政・政子である。頼家の支持基盤を崩すため、時政たちは次々と政変を仕掛けてライバルを追い落としていく。最初に標的とされたのが梶原景時だった。

きっかけは結城朝光《ゆうきともみつ》が頼朝の時代をしのび「忠臣は二君に仕えず」と語ったことにある。これを聞いた景時が朝光の不忠《ふちゅう》を頼家に讒訴《ざんそ》したため、朝光が処罰の対象となったという。この情報を阿波局《あわのつぼね》から聞いた朝光が三浦義村《みうらよしむら》に相談したところ、たちまち千葉常胤《ちばつねたね》、畠山《はたけやま》重忠《しげただ》、小山朝政《おやまともまさ》、和田義盛ら66人の御家人が鶴岡八幡宮に集結。景時を糾弾する連署状を作成し、大江広元を介して頼家に提出した。頼家は弁明を求めたが景時は答えず、一族ともども京へ向かった。幕府は追討使を派遣したが、梶原一族は途中の駿河の清見関《きよみがせき》で現地

梶原山（静岡県静岡市）にある供養塔。梶原景時親子が討ち死にしたことから梶原山と呼ばれる。景時の討伐に使用された為次の刀は、「狐ヶ崎」という号を与えられ現在に伝わる

の武士の攻撃を受けて滅亡する。景時は甲斐源氏の武田《たけだ》有義《ありよし》（信義の子）を将軍に擁立し、九州で新政権を樹立しようとしていたともいわれる。

　景時が自滅したかにみえる事件だが、政変の背後には時政の謀略があったといわれている。景時の讒訴を朝光に伝えた阿波局は、時政の娘で千幡の乳母である。追討の舞台となった駿河の守護は時政であり、景時を討った吉川《きっかわ》氏には梶原氏の旧領が与えられている。侍所別当《さむらいどころべっとう》の地位を奪われた和田義盛をはじめ景時の権勢に不満を抱く御家人は多かった。時政はそうした世論を利用して頼家の支持勢力の一角を切り崩すことに成功したのである。

Q 48

比企能員が謀反を企んだというのは北条氏の陰謀だったのか？

頼家にとって梶原景時の滅亡は痛手であったが、手をこまねいていたわけではない。建仁《けんにん》3年（1203）、千幡の乳母・阿波局の夫の阿野全成《あのぜんじょう》（義経の同母兄）に謀反の嫌疑をかけて配流先で殺害し、京にいた子も殺した。頼家は阿波局の引き渡しも求めたが、北条政子がかたくなに拒み守り抜いたという。しかし、頼家の反撃はここまでだった。

同年7月、頼家は突如、重病を患い危篤に陥る。後継について話し合いが行われ、頼家の嫡子・一幡《いちまん》に日本国惣守護職《にほんこくそうしゅごしき》と関東28か国の地頭職《じとうしき》、千幡に関西38か国の地頭職を相続させることが決められた。頼家は将軍の座を追われ、一幡の将軍就任が内定する一方、西国の所領は千幡のものになったわけである。能員はこの決定に納得せず、病床の頼家と謀議し時政の追討を決定する。しかし、たまたまこの話を障子越しに聴いていた政子が時政に通報。時政は使者を能員に送り自邸で行う仏像供養への参列を求めた。軽装で現れた能員はたちまち天野遠景《あまのとおかげ》・仁田忠常《にったただつね》により暗殺されてしまう。一幡のいる小御所《こごしょ》も北条義時

18歳で鎌倉殿となった頼家は、裁判制度の整備や世代交代を図る。しかし、このことが重臣たちとの衝突を生み、合議制が敷かれる要因になったのかもしれない（建仁寺蔵）

や畠山重忠ら幕府軍の襲撃を受け、比企氏は一幡とともに滅亡した。

以上が『吾妻鏡《あずまかがみ》』の記す比企能員の乱の顚末《てんまつ》だが、随所に北条氏の謀略の跡がみられる。政子が障子越しに謀議を聞いたという都合の良い展開、その日のうちに仏事を催して能員を呼び寄せ大軍を比企邸に向ける手回しの良さに周到な計画性がうかがわれ、北条氏の陰謀とする説が有力だ。

一方、一幡の死を知った頼家は和田義盛らに時政の追討を命じたが失敗。政子の命で伊豆・修善寺《しゅぜんじ》に追放され翌年に亡くなった。『愚管抄《ぐかんしょう》』によると頼家は入浴中に襲撃を受け、頑強に抵抗したため首にひもを巻かれ急所をとられて殺害されたという。

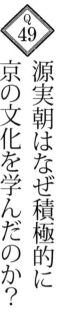

Q49 源実朝はなぜ積極的に京の文化を学んだのか？

頼家の出家を受けて将軍となったのは12歳の千幡だった。後鳥羽《ごとば》上皇《じょうこう》から実朝《さねとも》の名を与えられて元服し、翌年、上皇の叔父にあたる公家・坊門信清《ぼうもんのぶきよ》の娘・信子《のぶこ》を妻に迎えた。8歳で父・頼朝と死に別れた実朝にとって、名前をくれた上皇は父のような存在だったともいわれる。また、公家との結婚は実朝自身の希望でもあったが、比企氏のように特定の御家人が将軍と結びつくことを防ぐうえで北条氏にもメリットがあった。上皇にとっても、自身の従姉妹を実朝の妻にして将軍家と姻戚関係を築くことで実朝を近臣に近い立場におき、幕府を統制しようとするねらいがあったともいわれる。実朝と名づけ親である上皇の親密な関係は、将軍就任時から醸成《じょうせい》されていったのである。

こうした環境の中で、実朝が和歌や蹴鞠《けまり》などの京文化を好んだのも自然のなりゆきだった。特に和歌は後鳥羽上皇の勅撰和歌集である『新古今和歌集』に刺激され、第一人者である藤原定家《ふじわらのさだいえ》らの指導を受けた。学問は京から下向した源《みなもとの》仲章《なかあきら》の指導を受け、のちに仲

後鳥羽上皇と良好な関係を結んだ源実朝は順調に官位を進め、18歳で公卿に列し、28歳で武士で初めて右大臣となった（甲斐善光寺蔵）

章は実朝の側近となり上皇とのパイプ役を果たす。武骨な坂東武者の中には長沼宗政《ながぬまむねまさ》のように「今の将軍は和歌や蹴鞠を仕事にして武芸が廃《すた》れている」と実朝の京志向を批判する者もいた。しかし、当時は北条氏も盛んに歌会を開くなど京の文化は武家社会に浸透しており、宗政の意見は御家人の総意というわけではない。

平安末期から武士の中にも政治的な地位を高めるために在京して公家との関係を深める者は多く、公家文化への理解は欠かせない素養であった。実朝はこのような武士のあり方をみて、将軍である自分が京の文化を極めることが、御家人に君臨する有効な手段になると考えていたともいわれる。

Q 50

北条時政が初代「執権」というのは本当のことなのだろうか？

実朝の将軍就任によって一躍、政治的地位を向上させたのが政所別当《まんどころべっとう》（長官）となった北条時政であった。政所は将軍家の財政や事務を担う家政機関で、直轄領である関東御領や将軍直轄の社寺の管理、御家人の所領給与の事務などを行った。建仁3年（1203）9月、この政所別当の地位に基づいて、時政は御家人たちに、これまでどおり所領の所有を認める安堵状を下している。将軍が行うべき本領安堵を代行するまでに北条氏の権力は拡大したのである。

その1か月後には政所開所の儀式（吉書始《きっしょはじめ》）が行われ、「執権《しっけん》」である北条時政が指揮の手順を指示したと『吾妻鏡』は記す。執権とは複数いる政所別当の筆頭として将軍を補佐し政務を執り行う職で、鎌倉幕府における最高の官職とされる。ただし、この時点で幕府の職制として確立していたわけではない。この儀式には大江広元も政所別当として参加しており、ここでいう「執権」は時政と広元の両者を指しているともいわれる。広元は京の実務官僚出身の経歴を生かして初代・政所別当となった実力者であり、時政より朝廷の位階が上位の広元こそが執権であったとする説もある。

　いずれにせよこの段階では、時政は広元とともに実朝の政務を補佐する立場にあり、独裁的な権力を握ったわけではなかったと考えられる。権力が不安定であったからこそ、それを補強するために、時政は幼少の将軍に代わって本領安堵に積極的にかかわり存在感をアピールしたのだろう。

　この時、時政の視線の先にあったのは関東支配の基盤ともいえる武蔵《むさし》の掌握であったとされる。

　吉書始の直後、将軍の名のもとに武蔵の御家人に対し「時政に背くべからず」という命が下されたのものその一環であった。時政の野望は武蔵最大の御家人・畠山重忠の討伐事件で明らかとなる。

畠山重忠公史跡公園（埼玉県深谷市）に立つ銅像。重忠は鵯越の逆落しの際に、馬を背負って下りたという逸話をもつ

Q51 有力御家人の畠山重忠を滅亡させた北条時政のねらいとは？

畠山重忠は武蔵北部を拠点とする坂東平氏・秩父《ちちぶ》氏の一族である。質実剛健な鎌倉武士の鑑《かがみ》ともいわれ、人柄は高潔・誠実で武勇に優れ、一の谷の戦いや奥州合戦で数々の武功をあげた。頼朝に謀反を疑われた時も悪びれず「かえって武士の名誉である」と言い放った剛の者であった。比企氏に続いて北条氏の標的となったのがこの重忠である。

きっかけは京における宴の席で、重忠の子・重保《しげやす》と時政と牧《まき》の方《かた》の娘婿で京都守護の平《ひら》賀《が》朝雅《ともまさ》が口論したことにある。これを聞いた牧の方は重忠が謀反を企んでいると時政に告げ、時政は重忠の追討を義時に相談した。義時は頼朝以来の重忠の忠誠を強調して謀反を否定したが、牧の方から「私が継母だから信じないのか」と脅され、やむを得ず了承したと『吾妻鏡』は記す。

元久《げんきゅう》2年（1205）6月、謀反人の討伐を行うという実朝の命が下った。これを聞いた畠山重保も鎌倉に向かったが、その途中、由比ヶ浜で三浦義村に討たれる。武蔵にいた重忠も同族の稲毛重成《いなげしげなり》と榛谷重朝《はんがやしげとも》に呼び出され出立した。ところが、途中の二俣川《ふたまたがわ》で義時の率いる幕府軍と遭遇。ここで重保の死を知った重忠は、撤退を勧める家臣に「しばしの命を惜しんではいけない」といって踏みとどまり激戦のすえに討たれた。

合戦後、義時は時政を訪れ「重忠の軍勢は少数で謀反の企てはなかった」と非難したが、時政は答えられなかったという。重忠は秩父氏の棟梁として武蔵国内に絶大な影響力をもっており、時政が仕掛けた謀略とする説が有力だ。事件の翌日には、重忠を讒言したとして稲毛と榛谷が殺された。時政に協力したため口封じをされたとも、同族である彼らに秩父氏の棟梁の座が移るのを防ぐためともいわれている。

しかし、重忠の無実は明らかであり、時政に対する御家人たちの不信は高まっていった。

二俣川で幕府軍と戦い、力尽きる畠山重忠を描いた、月岡芳年「芳年武者无類 畠山庄司重忠」（国立国会図書館蔵）

Q52 北条義時・政子姉弟はなぜ父の時政を追放したのか?

畠山重忠の滅亡から2か月後、牧の方が平賀朝雅を将軍に立て、時政が実朝の抹殺を企てているという噂が流れた。義時と政子はすぐに結城朝光、三浦義村らを時政邸に派遣して実朝の身柄を確保。時政は出家して伊豆に引退し、京都守護として在京していた朝雅も殺された(牧氏《まきし》の変)。重忠討伐で立場を悪化させた時政が起死回生に打って出たとも考えられるが、むしろ義時が時政を失脚させる好機とみて謀略をしかけた可能性が高い。

実は義時は時政の後継者ではなかった。義時は時政の次男だが、早くから本拠地の北条に隣接する「江間《えま》」を名字として、北条氏の分家を立てていたのである。時政の嫡子ははじめ長男の宗時《むねとき》で、彼が石橋山で戦死したのち義時の弟・時房《ときふさ》に移り、その後、牧の方との子・政範《まさのり》が後継者とされたが、政範もこの政変の直前に16歳で亡くなっていた。

傍流である義時が北条宗家を相続するためには正統性が必要であった。そのためには、時政が当主として不適格であることを示す必要があり、それが畠山重忠の討伐だったといわ

北条氏と牧氏の関係図

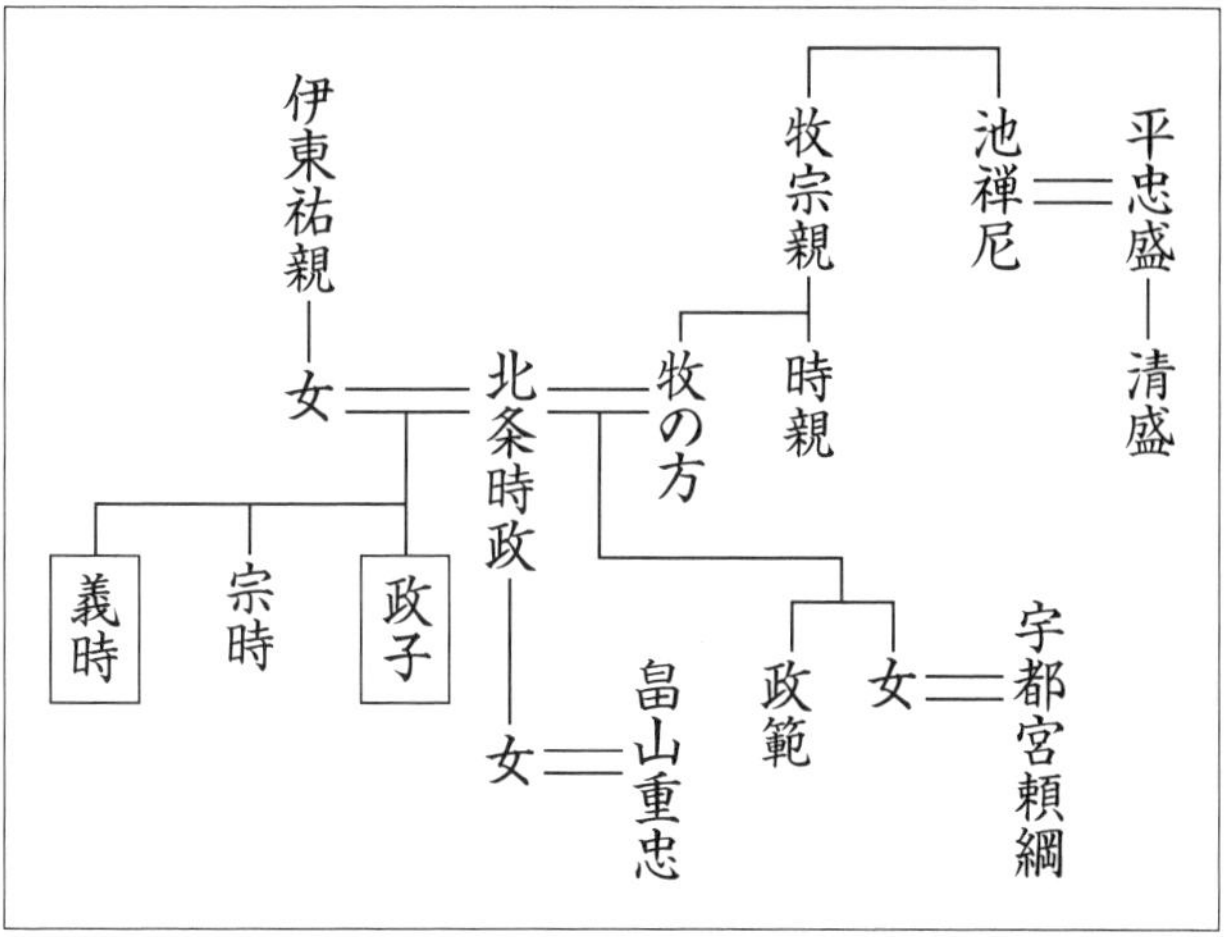

れる。この事件において、義時が重忠の無実をたびたび主張したと『吾妻鏡』は記している。しかし、追討軍の総大将は義時自身だった。重忠軍が少数であることが無実の理由ならば、途中で追討を中止することもできたはずであり、義時自身も追討に賛成だったのは間違いないだろう。『吾妻鏡』の記述は、鎌倉武士の模範とされた重忠滅亡の責任を時政一人に押しつけ、義時の立場を正当化する曲筆であった可能性が高い。

　重忠を排除した時政に対する御家人たちの不満をみて、義時は父を追放して北条氏の家督を継承するとともに、執権となって幕政の主導権を握ったのである。

Q 53

幕府の重鎮である和田義盛が将軍御所を襲撃したのはなぜか?

比企氏や畠山氏など次々と有力御家人が姿を消していく中、実朝の信任を得て大きな勢力を誇ったのが三浦氏の一族の和田義盛である。弓の名手として知られ、頼朝の挙兵に貢献し御家人の統括にあたる侍所の初代別当に就任。梶原景時や比企能員の追討にも積極的に参加し、北条氏に次ぐ勢力を誇った。だが、義盛はそれではあきたらず、武士では源氏一門と北条氏だけに許された受領《ずりょう》への任官を申請。これは北条政子の意見で却下されたが、北条氏への対抗意識をむき出しにする義盛を義時が放っておくはずはなかった。

建暦《けんりゃく》3年(1213)2月、信濃の武士・泉親衡《いずみちかひら》が頼家の遺児を将軍に立てる陰謀が発覚する。その逮捕者の中に、義盛の子の義直《よしなお》や甥の胤長《たねなが》など和田一族が含まれていた。義盛が実朝に赦免《しゃめん》を訴えたため子息は許されたが胤長は配流《はいる》となった。しかも一門の前で、後ろ手に縛られたまま義時の被官《ひかん》(郎等《ろうどう》)によって刑吏に引き渡される恥辱を受けたのである。さらに、胤長の屋敷地も和田一族ではなく義時の被官に与えられた。たび重なる挑発に

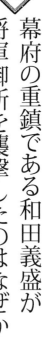

和田合戦で活躍する和田義盛の3男・朝比奈義秀を描いた歌川国芳の浮世絵。義秀は将軍御所の門を破るなど奮戦し、その豪勇ぶりを称えられた（国立国会図書館蔵）

怒った義盛は一族とともに挙兵。将軍御所と義時邸、大江広元邸を襲撃し、幕府軍と丸一日におよぶ市街戦を展開した。若宮大《わかみやおお》路《じ》や由比ヶ浜《ゆいがはま》で激戦が繰り広げられ、一時は勝敗の行方もみえないほどだったが、やがて義盛が討ち取られ和田一族は壊滅する。

和田合戦の勝利により、義時は政所別当に加えて侍所別当も兼ね、幕府の政治と軍事を一手に掌握することとなった。さらに義時は被官の金窪行親《かなくぼゆきちか》を侍所所司《しょじ》（次官）に任じる異例の人事を強行。自身の被官を御家人と同格におくことで、北条氏の隔絶した地位を示すのがねらいだったといわれる。もはや幕府内に義時の対抗勢力はなく、その権勢は盤石となった。

Q 54

和田合戦の勝敗を決めた三浦義村の裏切りはなぜ起きた？

和田合戦における義盛の敗因に三浦義村・胤義《たねよし》兄弟の裏切りがあった。実は義盛の挙兵準備は秘密裏に進められ5月3日未明に決起する予定だった。義村たちも将軍御所の北門を警固し、義盛とともに戦うことを約束して起請文《きしょうもん》まで書いていた。しかしその前日、八田知重《はったともしげ》が義盛邸に軍勢が集結しているのを発見し大江広元に通報。これを知った義村はたちまち変心して義時に事態を告げ、幕府軍として和田一族の討伐に加わったのである。

『吾妻鏡』によると、義村は主君を裏切れば天罰を受けると考え直し義時に味方したという。だが、実際は情報がもれて奇襲が不可能になったため直前で裏切ったのだろう。また、義村は三浦氏の棟梁の座をめぐって義盛と競合状態にあり、最初から裏切るつもりだったのかもしれない。義盛が決起と同時に実朝の身柄を確保できていれば、日和見していた後家人たちが味方についた可能性もある。しかし、義時や義村によって御所の三方が固められたため実朝は広元に守られて御所を脱出し、切り札を失った義盛は敗れ去ったのである。

Q55 実朝が唐船を建造したのは国外への脱出が目的だった？

建保《けんぽう》4年（1216）6月、東大寺再建に貢献した宋の工人・陳和卿《ちんなけい》が鎌倉に来た。実朝と対面した陳和卿は、実朝の前世が宋の阿育王寺《あいくおうじ》の長老で自分はその門弟であったと語ると、実朝は同じ内容の夢を見たと応えた。感激した実朝は、義時や広元の制止を無視して阿育王寺を訪れる計画を立て、中国式の唐船《とうせん》の建造に着手したという。

この渡宋計画は謎とされ、政治的に孤立した実朝の精神的な不安定さを表す行動ととられることが多い。しかし近年、この時期の実朝が積極的に政治を推し進めていたことをふまえ、前向きな説が提示されている。海上交易を掌握して日宋貿易を行おうとした、統治者の力を高めるといわれる仏舎利《ぶっしゃり》（釈迦《しゃか》の骨）を入手し将軍権力を強化しようとした、莫大な費用と人員が必要な唐船の建造を通して自分に忠実な御家人を見極めようとしたなどである。しかし、実朝の願いもむなしく、翌年完成した唐船は由比の浦に浮かばず計画は失敗。砂浜で朽ちていく唐船の残骸だけが残ったという。

Q 56

実朝は北条氏の傀儡に甘んじた無力な将軍だったのか？

一般に、源実朝は北条氏に実権を握られた無力な政治家とみられることが多い。しかし、近年、研究の進展により実朝が将軍として実権を握り、政務にも積極的に取り組んでいたことがわかっている。

13歳の時、実朝の御前で地頭職《じとうしき》に関する争論の判決が行われたのが政務の最初とされる。将軍就任早々に頼朝時代の書類の提出を御家人に命じたのも、偉大な父を範として政務にあたる心構えを示す事例といえるだろう。従三位《じゅさんみ》の公卿に昇進した18歳からは、自身の意思によって裁定を下す「親裁《しんさい》」を開始している。

また、和歌に執心して武を軽んじたイメージもあるが、鎧《よろい》をネズミにかじられて将軍の護衛に参加できなかった御家人に対して「武勇の人間であれば鎧の一領はもっていなければならない。世の乱れは思いがけない時に起こるのだ」と叱責したのは16歳の時である。個人の武勇には優れていたが側近を取り立てて反発を受けた兄・頼家《よりいえ》以上に、武家の棟梁としての自覚を備えていたといえる。

叔父の北条義時にさえも厳しい態度で臨み、自身の被官に御家人に準じる身分を与えてほしいという義時の要望を拒絶している。頼朝と同様、将軍と御家人の主従関係の秩序に対して厳しい目をもっていた。

和田合戦ののち、政治への意欲を失ったという見方もあるが、戦後に政所別当の人員を拡充し将軍親裁の強化を図っている。

頼朝・頼家・実朝が政務をとった大蔵幕府跡（鎌倉市雪ノ下）。北条泰時が宇都宮辻子（鎌倉市小町）に幕府を移転するまで政治の中心だった

実朝は決して北条氏の傀儡《かいらい》だったわけではなく、裁判や所領安堵の決定権をもっており、死ぬまで奪われることはなかった。幕府を統治する資質と権力をあわせもっていたからこそ、後鳥羽上皇に接近していく実朝の姿勢が、朝廷からの独立を守ろうとする御家人たちの不安を招いたともいわれる。

Q 57

実朝暗殺の黒幕と噂される北条義時は本当に犯人なのか？

建保4年（1216）から、実朝の官位は急速に昇進し始める。御家人たちの勢力争いのすさまじさを見た実朝が将軍権力の強化を図るため、後鳥羽上皇に望んで実現したものといわれる。上皇も実朝を取り込むことで幕府を統制下におこうとしたのだろう。危機感を抱いた大江広元がいさめると、実朝は「源氏は私の代で終わるから高い官位について家名をあげたい」と語ったという。実際、実朝の官位は上昇を続け、権大納言《ごんだいなごん》、内大臣を経て同7年、右大臣にのぼる。だが、その就任を祝う鶴岡八幡宮の儀式で悲劇は起きた。

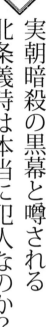

1月27日夜、儀式が終わり雪の積もる石段を下りる途中、実朝は源仲章とともに頼家の遺児・公暁《くぎょう》に斬殺されたのである。公暁は「親の敵《かたき》はかく討つぞ」と叫び、実朝の首をもって逃走。乳母の夫である三浦義村の屋敷に向かう途中、義村が出した討手に討たれた。

この事件には、古くから黒幕の存在をめぐる論争がある。有名なのが北条義時黒幕説である。この日の儀式では、もともと義時が実朝の側で剣を捧げる役を務めるはずだったが、

実朝が暗殺された鶴岡八幡宮の階段。かつては公暁が隠れたといわれる大銀杏が立っていたが、台風で倒れてしまい、いまは残っていない。事件当日は60cmほど雪が積もっていたという

直前に体調不良を訴えて源仲章と交替している。上皇と実朝の蜜月に不満をもつ御家人たちの意を受けて、義時が公暁をそそのかして暗殺させたというのだ。

また、公暁が犯行後、三浦邸に向かったことから義村を疑う説もある。義村は実朝と義時を同時に暗殺し、公暁を将軍にして実権を握ろうとしたが、義時の暗殺に失敗したため急遽計画を変えて公暁を殺し、身の保全を図ったという解釈である。

一方、事件前に鶴岡八幡宮別当となった公暁が、実朝を呪う祈祷を行った跡があることから単独犯とする説もある。真相は闇の中だが、以後源氏将軍は絶え、北条氏が事実上の鎌倉の王として君臨するのである。

Q58 なぜ、武家政権である鎌倉幕府将軍に摂関家の御曹司が迎えられたのか？

実朝の死後、幕府内でもっとも大きな問題となったのは将軍の後継者だった。実朝は子にめぐまれず、すでに生前から後鳥羽上皇の皇子を将軍として迎える計画が進んでいた。建保6年（1218）には北条政子が弟の時房とともに上洛し、上皇の乳母として権勢をふるう卿二位《きょうのにい》（藤原兼子《けんし》）と会談。上皇と坊門局《ぼうもんのつぼね》（実朝の妻の姉）の子である頼仁《よりひと》親王か、順徳《じゅんとく》天皇の同母兄・雅成《まさなり》親王を鎌倉に迎える筋でいったん合意した。

親王将軍の擁立については、武家の棟梁である源氏ではなく、皇族という超越した存在を将軍にいただくことで傀儡《かいらい》化を図ろうとした北条氏の策略とも、朝幕関係の安定化を図るとともに幕府を東国の王権として発展させたいという実朝自身の希望だったともいわれる。自身の皇子を将軍にすえることで幕府を掌握したいという上皇の思惑とも合致した。

しかし、この計画は実朝の暗殺によりとん挫する。信頼する実朝がいなくなった以上、親王将軍の誕生は王朝が東西に分裂する危険性しかないと上皇には感じられたのである。上

後鳥羽・実朝・頼経の関係図

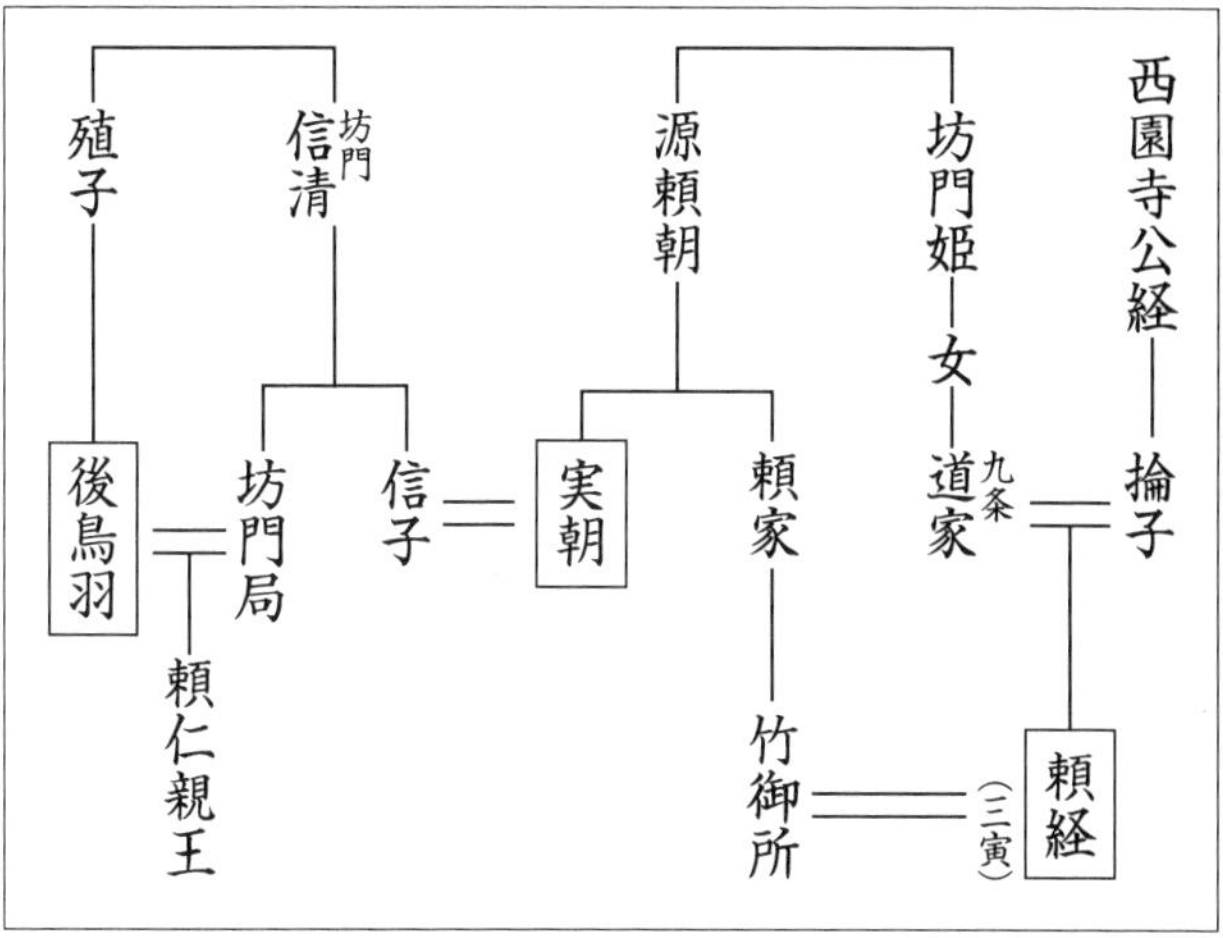

皇は親王の東下を求める幕府の要請を退け、妥協策として九条道家《くじょうみちいえ》の子で西園寺《さいおんじ》公経《きんつね》が養育していた2歳の三寅《みとら》（九条頼《より》経《つね》）を次期将軍に指名する。

三寅の祖母は頼朝の姪《めい》で実朝の遠縁にあたり、御家人たちにも納得のいく人選であった。皇族に次ぐ貴種である摂関家の子弟を迎えることで幕府の権威を飾り、将軍を傀儡として北条氏が実権を握ることも容易であると考えられたのだろう。

承久《じょうきゅう》元年（1219）7月、三寅は鎌倉に下り、北条政子が後見役として政務を代行することが定められた。陰で弟の義時を支えてきた政子が「尼《あま》将軍」として幕政の中心に登場するのである。

Q59 実朝の死により本当に源氏は断絶したのか？

3代将軍・源実朝の暗殺によって源氏の正統は絶えたが、この時点で河内《かわち》源氏の嫡流は滅んでしまったのだろうか。頼朝の兄弟はすべて内乱や謀略により亡くなっていたが、嫡男の頼家や弟の範頼《のりより》・阿野全成（義経《よしつね》の同母兄）の子など数名が生き残っていた。しかし、彼らは源氏の血統を受け継いだがゆえに、実朝の死後、次々と姿を消していく。

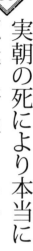

実朝暗殺の翌月、全成の子・阿野時元《ときもと》が駿河《するが》国阿野郡の山中に城郭を構えて挙兵した。朝廷から宣旨《せんじ》を賜って東国を支配することが目的だったといい、源氏一門として将軍の地位をねらったとみられている。北条義時は侍所所司・金窪行親を御家人たちとともに討伐に向かわせ、1日で城郭を攻め落とし時元を自害させた。

さらに、その1か月後には、時元の兄弟で駿河・実相寺《じっそうじ》の僧侶になっていた道暁《どうぎょう》が亡くなっている。死因は不明だが、タイミングから同様の謀反を未然に防ぐための北条氏による粛清《しゅくせい》とみるのが妥当だろう。翌承久2年（1220）4月には、京の仁和寺《にんなじ》で修業して

静岡県沼津市の大泉寺にある阿野全成・時元の墓。頼朝から駿河国阿野荘を与えられた全成は、阿野姓を名乗り、先祖を弔うために大泉寺を建てた（沼津市教育委員会提供）

いた頼家の子・禅暁《ぜんぎょう》が、公暁の謀反に加担した嫌疑により殺された。禅暁の後見人であった三浦胤義は反対したがいれられず、この処置を進めた北条氏との確執を生む結果となる。一方、出家して武蔵の慈光寺《じこうじ》に入っていた範頼の子・吉見範円《よしみのりかど》は難を逃れ、子孫は吉見氏として存続した。

　実朝の死後、これだけの粛清が行われた以上、北条氏が源氏将軍の断絶を望んでいたのは明らかである。すでに政権を掌握した北条氏には、源氏将軍がかもしだすカリスマ性によって、将軍と御家人が結びつくことが危険に感じられたのだろう。以後、鎌倉時代をとおして河内源氏の嫡流が将軍になることはなかった。

Q60 なぜ、大江広元は北条氏に粛清されなかったのか？

大江広元はもと京の官人であったが先に御家人になった兄・中原親能《なかはらのちかよし》の縁で元暦元年（1184）頃、鎌倉に下り頼朝のブレーンとなった。「十三人の合議制」にも三善康信らとともに文官の筆頭として名を連ねた。彼らは朝廷の政治や法律に関する豊富な知識を備えており、文字も読めない武士が多い中、朝廷との外交実務に欠かせない存在だった。

加えて広元は政治家としての身の処し方も巧みであった。その秘訣は政局において中立を貫くことにある。梶原景時の追放では御家人から弾劾文の取り次ぎを任されたが、頼家の気持ちをくんで和田義盛に脅されるまで手元にとどめた。比企氏の乱では能員の誅殺を相談に来た時政に「自分は兵法が分からないので賢慮にお任せします」と述べるにとどめ、和田合戦では実朝を御所から救出したのち、政所の守備に徹し抗争から身を引いた。自身の責任が問われる行動を慎み、時に言葉をはぐらかし、政争から巧みに身をかわすことで北条義時と並ぶ宿老の地位を保ったのである。子孫は武士となり毛利《もうり》氏を輩出した。

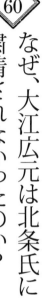

Q61 実朝の死後に起きた内裏炎上が承久の乱の遠因になった？

三寅が京から鎌倉へ下った直後の承久元年（1220）7月、京で摂津源氏の源頼茂《よりもち》が後鳥羽上皇の追討を受ける事件が起こる。頼茂は以仁王《もちひとおう》の乱に加担した源頼政《よりまさ》の孫で、代々の家職である大内守護《おおうち》（内裏の警固《けいご》）を務めていた。実朝の死後、将軍就任を望んだが、三寅が次期将軍とされたため謀反を起こしたのが追討の理由とされる。

上皇の命を受けた武士たちが大内裏に向かうと、頼茂は南の門だけを開いて防戦し、最後は内裏に火を放って自害した。この放火により複数の殿舎が焼け落ち、大嘗会《だいじょうえ》や即位式に使う宝物まで焼失してしまう。院御所の焼き討ちはこれまでもあったが、大内裏が兵火で失われるのは前代未聞であり、1か月以上も病床にふすほどの衝撃を上皇に与えた。

自身が追討を命じたとはいえ、そもそも頼茂の謀反は実朝暗殺に端を発する幕府の内紛であり、それが内裏の焼失を招いた。盟友の実朝を失い、幕府が制御不能になりつつあることを悟った上皇は、この事件を機に幕府への敵対を決意したともいわれている。

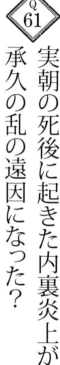

法然の弟子となった異色の坂東武者

熊《くま》谷《がい》直《なお》実《ざね》(1141〜1207)

武蔵の小規模領主で、嫡子の直家《なおいえ》と郎等《ろうとう》一人をつれて源氏軍に参加。一の谷の戦いでは若武者の平敦盛《あつもり》を涙ながらに討ち取った。しかし、伯父との所領裁判で反論できず頼朝に文書を投げつけ出奔。上京して法然《ほうねん》の弟子となり蓮生《れんせい》を称した。修行に不熱心な僧をなぐり、兄弟子が法然から授かった「金色の名号《みょうごう》」を奪うなど、出家後も荒々しい性格は変わらなかった。一方、浄土への憧れは強く、東国に下る時も阿弥陀如来《あみだにょらい》の坐す西に背を向けぬよう逆向きに馬に乗ったという。最高の往生《おうじょう》である「上品上生《じょうぼんじょうしょう》」を望み法然を心配させたが、自分の死を予言してみごと往生を遂げた。

乳兄弟の頼朝に弓を引いた

山内《やまのうち》首《す》藤《どう》経《つね》俊《とし》(1137〜1225)

父は平治《へいじ》の乱で源義朝とともに戦い討ち死にした俊通《としみち》、母は頼朝の乳母・摩々《まま》(山内尼)。頼朝の乳兄弟ながら挙兵の呼びかけに応じず、あまつさえ暴言を吐いて使者の安達盛長《あだちもりなが》を追い返したという。石橋山の戦いでは平氏軍に加わり頼朝に弓を引いたため、のちに捕らえられ処刑が決定された。摩々が助命の嘆願に来たが、頼朝が経俊の矢の刺さった鎧を見せたところ黙って引き下がったという。それでも母と先祖の功によって助命され、のちに伊勢・伊賀守護に抜擢されたが、元久元年(1204)に起きた平氏残党の反乱(三日《みっか》平氏の乱)の鎮圧に失敗して失脚した。

4章

承久の乱と後鳥羽上皇

Q 62 後鳥羽上皇が文武両道の天才だったのは本当なの？

後鳥羽《ごとば》上皇は高倉《たかくら》天皇の皇子で、平氏都落ちののち4歳で即位。在位中は法皇や源通親《みちちか》に実権を握られたが、19歳で土御門《つちみかど》天皇に譲位してから帝王としての才能を開花させる。

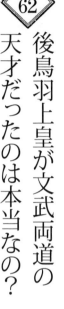

上皇はあらゆる芸能に通じた万能の天才だった。特に和歌は超一流で、藤原定家《さだいえ》らに命じて『新古今和歌集』を編纂し和歌の黄金時代を築いた。琵琶《びわ》は数年で秘曲を伝授され、蹴《け》鞠《まり》は「長者《ちょうじゃ》」と称される技量を誇り、馬術や水泳も堪能だった。上皇は院御所《いんごしょ》で和歌や漢詩、蹴鞠の会を積極的に催し、文化・芸術の主導者として君臨した。武芸にも長じており、笠懸《かさがけ》（走る馬から矢を射る競技）や狩猟などを好んだ。鎌倉前期成立の『古今著聞集《ここんちょもんじゅう》』によると、盗賊・交野八郎《かたのはちろう》の逮捕の際、自ら船に乗って重たい櫂《かい》を片手で操り武士たちを指揮したという。また、刀剣にもこだわり、備前や京の刀工を御所に呼んで月番《つきばん》で作刀させる「御番鍛冶《ごばんかじ》」を組織。自ら鍛刀《たんとう》して菊紋《きくもん》を入れた太刀は「菊御作《きくごさく》」として今に伝わる。

治天《ちてん》の君《きみ》として朝廷の権威の回復にも努めた。宮廷儀礼の復興を主導し、摂関の座を争

後鳥羽天皇の肖像。後鳥羽が参加した蹴鞠で、2000回も鞠を落とさずに続けたという記録が残る。その鞠は五位に叙せられたという（宮内庁三の丸尚蔵館蔵）

う近衛《このえ》家と九条《くじょう》家を同等に取り立てて、院近臣だけでなく公家全体で院政を支える体制を築いた。さらに、分割相続されていた皇室領を集積して強大な経済力を掌握。白河法皇以来の北面《ほくめん》に加え、西面《さいめん》の武士を新設し軍事力の増強にも努めた。

上皇は三種の神器《じんぎ》のないまま即位し、宝剣は壇《だん》ノ《の》浦《うら》で失われ、帰ってこなかった。そのため自身の正統性に対する負い目があったといわれる。万能の帝王をめざし、政治・文化・武力の統合者として王朝社会の頂点に君臨することで、自身の正統性を証明しようとしたのかもしれない。すべてを支配しようとする強い意志が、幕府との軋轢《あつれき》も深めることになったのである。

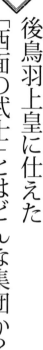

Q63 後鳥羽上皇に仕えた「西面の武士」とはどんな集団か？

白河《しらかわ》上皇の時代から院御所には北面と呼ばれる近臣の部屋があり、そこにつめる人々も北面と呼ばれた。すべてが武士ではなく、上《じょう》北面と呼ばれる文官と下《げ》北面と呼ばれる武官からなり、後者を北面の武士と呼んだ。これに加えて後鳥羽上皇によって新設されたのが西面の武士で、建永《けんえい》2年（1207）の流鏑馬《やぶさめ》行事に参加したのが史料上の初見とされる。当時、後鳥羽は謀反人や犯罪者の追捕《ついぶ》などの際、幕府の許可なく在京御家人や西国の守護を動員する権限をもっていた。これらの御家人を西面の武士に編成したのである。

上皇が幕府の御家人を配下に取り込むことができたのは、武士の垂涎《すいぜん》の的である官位を与える権限をもっていたためだ。かつて源頼朝は御家人が勝手に任官することを禁じ、朝廷と御家人の結びつきを絶つことで鎌倉殿としての権力を確立しようとした。しかし、実《さね》朝《とも》は後鳥羽との良好な関係を維持するために、在京御家人の西面への参加を積極的に認めた。そのため、頼朝の挙兵以来の功臣である加藤光員《みつかず》をはじめ、義経の配下として屋島《やしま》の

後鳥羽上皇に招集された西面の武士たち。承久の乱では京方の武力の中心となった。「承久記絵巻」より（高野山龍光院蔵／高野山霊宝館提供）

戦いにも参加した後藤基清《ごとうもときよ》、頼朝の流人時代から仕えた佐々木定綱《さだつな》の子・広綱《ひろつな》、頼朝の妹婿・一条能保《いちじょうよしやす》の家人《けにん》だった五条有範《ごじょうありのり》など、鎌倉幕府の草創に携わった御家人たちが数多く参加することとなった。幕府と上皇に両属するこれらの在京御家人が、承《じょう》久《きゅう》の乱では後鳥羽方（京方）の武力の一端を担うのである。

また、北面の武士も引き続き上皇の武力として重視された。当時の北面の中心は、平将門《まさかど》を討伐した藤原秀郷《ひでさと》の末裔である藤原秀康《ひでやす》・秀澄《ひでずみ》兄弟だった。特に秀康は大国の受領《ずりょう》に任じられるなど下北面として異例の出世を遂げ、承久の乱では京方の司令官として活躍する。

Q 64

後鳥羽上皇はいつ北条義時の追討を決意したのか？

実朝の死後、後鳥羽上皇と幕府の関係が悪化していく中で、上皇がいつ挙兵を決意したのかは明らかでない。理由の一つとされるのが地頭《じとう》人事の問題である。弔問《ちょうもん》の使者を鎌倉に送った際、後鳥羽は自身の愛妾《あいしょう》・亀菊《かめぎく》がもつ摂津《せっつ》の長江《ながえ》・倉橋荘《くらはしのしょう》の地頭を罷免するよう申し入れた。実朝亡きあとの幕府が朝廷に忠実であるか見極めるねらいもあったようだ。両荘は瀬戸内海と畿内を結ぶ交通の要地にあり、挙兵を意識していた後鳥羽が幕府の影響力を排除するために地頭の停止を求めたともいわれる。だが、幕府は戦功として御家人に与えられた地頭職を理由なく停止できないと退けた。しかも、北条時房《ときふさ》が1000騎の軍勢を連れて上洛し決定を伝えたことは、上皇には脅しのように感じられたであろう。

もう一つ上皇を怒らせたのが、源頼茂《よりもち》の追討によって引き起こされた内裏の火災である。上皇が内裏再建のために全国の荘園・公領に費用を負担させようとしたところ、各地で幕府の地頭が激しく抵抗したのだ。幕府も徴収に協力しようとせず、承久2年（1220）

末、再建事業は中断を余儀なくされ、上皇の怒りを増大させた。

おそらくこの頃までに、上皇は挙兵の決意を固めたのだろう。同3年4月、後鳥羽の子・順徳《じゅんとく》天皇が仲恭《ちゅうきょう》天皇に譲位したのも、挙兵に積極的な順徳がより自由な立場で計画に参加するためだったといわれる。

この直後、後鳥羽は城南寺《せいなんじ》で流鏑馬揃《ぞろ》えを行うという名目で各地の武士を招集する。藤原秀康・秀澄ら院近臣のほか、三浦胤義、大内惟信《おおうちこれのぶ》、佐々木広綱・高重《たかしげ》、後藤基清、八田知尚《はったともひさ》、大江親広《おおえのちかひろ》、河野通信《こうのみちのぶ》などの在京御家人や西国守護が呼びかけに応じて御所に集まった。

後鳥羽・土御門・順徳の3上皇も、そろって院御所・高陽院《かやのいん》に入り、四方の門を軍兵で固めて戦いに備えたのである。

後鳥羽上皇に愛された白拍子の亀菊。承久の乱後は後鳥羽に同行して隠岐におもむき、後鳥羽が死ぬまで仕えたという（国立国会図書館蔵）

Q65 なぜ、後鳥羽の子・順徳上皇は積極的に挙兵に協力したのか?

順徳上皇は学者肌の帝王で、和歌の理論書や宮廷儀礼・制度の指南書などすぐれた研究実績を残している。歌学や有職故実《ゆうそくこじつ》の研究を通して宮廷文化を盛り立てようとした姿勢は、正統な帝王をめざした父・後鳥羽の影響によるのだろう。こうした伝統文化の素養が、朝廷の権威を脅かす幕府への反発を育んだことは想像に難くない。

順徳の縁戚関係に平氏関係者が多かったことも反幕府的な素養を育んだといわれる。順徳の外祖母は平教盛《のりもり》(清盛《きよもり》の弟)の娘・教子《のりこ》であり、親王時代に母の実家に住み教子の養育を受けた可能性は高い。また、教子の子で順徳の叔父にあたる高倉範茂《たかくらのりもち》は平知盛《とももり》の娘を妻にしていた。平氏の栄華と滅亡を知る教子たちが、幼い順徳に何を語り聞かせたのかは知るよしもないが、順徳の周辺には鎌倉に対する反発が渦巻いていたことだろう。範茂も順徳の近臣として承久の乱に参加し、公卿《くぎょう》の身で宇治川《うじがわ》の戦いに出陣して処刑されている。壇ノ浦で滅びた平氏の無念が、順徳たちを危険な挙兵へとかり立てたのかもしれない。

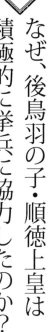

Q 66

なぜ、公卿の西園寺公経は後鳥羽に監禁されたのか？

後鳥羽上皇が挙兵した時、危険分子として監禁された公卿がいた。三寅《みとら》の外祖父である大納言《だいなごん》・西園寺公経《さいおんじきんつね》と子の権中納言《ごんちゅうなごん》・実氏《さねうじ》である。もともと公経は後鳥羽の近臣だったが、ある時、望みの官位が得られなかったことから「自分は鎌倉に縁があるから関東でも生きていけるでしょう」といって上皇を激怒させた。公経の妻は源実朝の叔母（頼朝の妹の子）であり、将軍家とのつながりが公経を強気にさせたのである。

上皇が挙兵した時、最初に標的とされたのが親鎌倉派の急先鋒である公経だった。上皇は西国の武士を招集すると同時に、近臣の法印《ほういん》・尊長《そんちょう》に命じて公経父子を捕らえた。一説によると上皇は公経を殺そうとしたが、廷臣たちにいさめられ監禁にとどめたという。公経はすきをみて鎌倉に使者を送り事態を知らせた。公経にとって幕府の勝利だけが身を守る手段だった。生命の保証がない中で、立場を変えず幕府軍の上洛を待った公経の先見の明が、乱後、西園寺家に無双の栄華をもたらすのである。

Q 67 後鳥羽上皇の挙兵は討幕が目的だったのか？

承久3年（1221）5月15日、京都守護・伊《い》賀《が》光季《みつすえ》が後鳥羽上皇の軍勢の襲撃を受け自害する。上皇は全国に北条義時《よしとき》追討を命じる宣旨《せんじ》を発し、承久の乱が幕を開ける。一般に後鳥羽の挙兵は鎌倉幕府をつぶす「討幕」が目的だったといわれる。しかし近年、その解釈に疑問が向けられるようになった。理由は上皇が発した追討宣旨の内容にある。実朝の死後、将軍候補の三寅が幼いのをいいことに北条義時が野心を抱き、朝廷の威光を借りて権力を振るい正しい政治が行われなくなった。そのため義時の権力を停止し、すべてを天皇が決めるものとし、義時の追討に功をあげたものに褒美を与える――。

この宣旨で後鳥羽が命じているのはあくまで義時の追討である。本当に幕府をつぶしたいのなら、将軍となる三寅を追討の対象とすべきである。また、後鳥羽は守護・地頭の廃止も言及しておらず、幕府の存在を否定する意思はみられない。そのため、義時を排除して幕府を統制下におくことが後鳥羽のねらいだったというのが非討幕説の論拠である。

幕府の京都守護・伊賀光季の屋敷を急襲する京方の武士たち。「承久記絵巻」より
（高野山龍光院蔵／高野山霊宝館提供）

一方で討幕説も根強い。当時の幕府は尼将軍・北条政子《まさこ》が事実上の鎌倉殿として、三寅に代わって幕政の意思決定を行い、それを執権《しっけん》・義時が支える体制であった。義時の追討は政子たちが主導する幕府政治そのものの否定であり討幕にほかならないというのだ。また、当時は東国の武家政権を「幕府」という政治システムとしてとらえる見方はなかった。統治の主体は最高指導者である義時とそれを支持する御家人たちと認識されており、義時の追討は武家政権の否定と同じであったとする意見もある。

討幕説の是非は幕府政治そのものの認識にかかわるテーマであり、今後も議論が続きそうだ。

Q 68

当時の武士の合戦はどのようなものだったのか？

源平時代の戦いというと、大鎧《おおよろい》を着た騎馬武者が互いに名乗り合い一騎打ちで勝負を決めるイメージがある。合戦のルールが尊重され、武者たちは馬を走らせながら矢を射る馳《はせ》射《ゆみ》によって武勇を競い合ったというものだ。しかし、それは武家政権が生まれる数百年前の兵《つわもの》の理想像であり、治承《じしょう》・寿永《じゅえい》の乱をとおして大きく変化したと考えられている。

源平の戦いは数万の軍勢が参加した初めての全国的内乱であり、職業武士以外の人々が大量に戦場に駆り出された。そのため敵の馬の腹を射る、敵を馬から落とし太刀で決着をつけるような戦いが行われるようになった。また、敵が進む道をふさいで弓矢や投石で攻撃し、城郭（垣楯《かいだて》や逆茂木《さかもぎ》によるバリケード）を築いて騎馬武者の侵攻を防ぐ戦法も発達した。合戦の大規模化によって、戦闘の様式より勝利にこだわる効率的な戦い方が追求されるようになったのだ。承久の乱でも城郭戦や集団戦が展開され、戦力不足を補うため武士以外の人々も動員されており、各地でルール無用の激戦が繰り広げられたと思われる。

Q69

幕府はどのようなルートで後鳥羽の挙兵を知ったのか？

上皇が挙兵したという情報は、複数のルートで鎌倉にもたらされた。討ち死にした伊賀光季の下人、監禁された西園寺公経の家来・三善長衡《みよしながひら》、頼朝の遠縁にあたる一条頼氏《いちじょうよりうじ》（能保の孫）らである。特に頼氏は一条家が没落し多くが後鳥羽に味方した中、単身鎌倉に向かったことで北条政子を喜ばせた。一方、京の情勢を伝えたのは味方だけではなかった。三浦胤義は兄・義村《よしむら》に手紙を送り、ただちに後鳥羽に味方するよう促し、後鳥羽自身も院の下部《しもべ》（召使い）の押松《おしまつ》に義時追討の宣旨をもたせて鎌倉に向かわせていた。

事態を知った御家人たちは驚愕した。胤義の誘いを受けた義村は、すぐに手紙をもって北条義時を訪れ幕府への忠誠を示し、一緒に下った押松を捕らえるよう進言。御家人たちは鎌倉中を捜索して葛西谷《かさいがやつ》で押松を捕まえ、宣旨や京方の参加者リストを押収した。義村が幕府側に立ったことで、御家人を分断させようとする後鳥羽の作戦は失敗し、義時追討の宣旨が鎌倉の御家人たちに渡るのを防ぐことができたのである。

Q 70

幕府軍を結束させた北条政子の演説の内容とは？

北条義時の追討宣旨が出されたことによる御家人たちの動揺は大きかった。これをしずめたのが北条政子の演説だったといわれる。『吾妻鏡《あずまかがみ》』によると、政子は御簾《みす》の側に御家人たちを呼び寄せ、安達景盛《あだちかげもり》を介して語ったという。「心を一つにして聞いてほしい、これが最後の言葉です」と語りだされた内容は以下のようなものだった。

頼朝殿が関東を草創して以後、官位といい俸禄《ほうろく》といい、その恩は山よりも高く海よりも深い。そこに今、逆臣の讒言《ざんげん》によって道理に背いた宣旨が下された。名を惜しむものは速やかに藤原秀康、三浦胤義らを討ち取り、3代にわたる将軍の遺産を守るように――。

これを聞いた御家人たちは涙にくれて返答もできず、命を捨てて恩に報いようと思ったと同書は記す。この「演説」については非討幕説の立場から、義時一人に対する追討令を幕府全体に向けた攻撃ととらえる論理のすり替えがあったという見方もある。しかしここでは、政子が頼朝の恩を強調し御家人を結束させた点を評価すべきだろう。在地領主の最

後鳥羽上皇の挙兵に動揺する御家人たちに、頼朝から受けた恩を思い出させ、朝廷と戦うことを促す政子（国立国会図書館蔵）

大の関心事である本領安堵と新恩給与を公的に保証するシステムを作った頼朝の功績、それが後鳥羽の挙兵によって失われる危険性を想起させたことが、御家人たちをまとめる力になったのである。

　また、かつて源頼朝は後白河法皇から3度も追討宣旨を出されており、御家人たちが宣旨に慣れていた面もあっただろう。3度目の宣旨では朝廷の背信を逆手にとって、守護・地頭の設置という果実まで得ている。しかも、当時は奥州藤原氏の脅威があり大軍の上洛は不可能だったが、今は奥羽の北端まで幕府の勢力圏に入っているのだ。政子の演説を聞いた御家人たちは、心を一つにして京方と戦う決意を固めたのである。

Q71 北条泰時はなぜわずか18騎で出陣したのか？

政子の演説ののち軍議が開かれた。当初、足柄《あしがら》・箱根の関を固めて京方を待ち受けるべきとする意見が大勢であったという。しかし大江広元《おおえのひろもと》が「時間が経過すると敗北の原因になる。速やかに軍を上洛させるべき」と積極策を提案。これに政子が同意したため即時出兵に決まり、東日本全域の御家人に出陣令が発せられた。広元が攻勢を主張したのは、追討軍が近づくにつれ恐怖にかられた御家人の裏切りが続出すると考えたからだろう。

実際、鎌倉では武蔵《むさし》の軍勢を待つうちに上洛への反対意見が再燃する。憂慮した広元が「武州《ぶしゅう》（北条義時の嫡子・泰時《やすとき》）一人でも出立すれば、東国武士は雲が龍になびくように従うでしょう」と主張したため、義時の命により翌5月22日、泰時・時氏《ときうじ》父子以下18騎が鎌倉を出立する。これに促されるように各地の東国武士も次々と出陣。総勢19万騎の大軍が三手に分かれ、東海道は泰時・時房《ときふさ》以下10万騎、東山道《とうさんどう》は武田信光《のぶみつ》・結城《ゆうき》朝光《ともみつ》ら5万騎、北陸道は北条朝時《ともとき》・結城朝広《ともひろ》ら4万騎がそれぞれ京をめざしたのである。

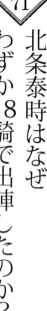

Q72 京方は幕府軍の上洛にどのように対処したのか？

当初、後鳥羽上皇は自身が追討を命じれば御家人は義時を裏切り幕府も自滅すると楽観していたという。宣旨が出された時、義時と運命を共にする者はいかほどかと上皇が三浦胤義に聞いた。朝敵となっては1000人に満たないだろうと胤義が答えると、別の武士は少なくとも万人は下らず、自分も東国にいたら義時に味方しただろうと述べたという。

事実、幕府軍の出撃により京方の楽観論はあっさりと覆される。5月26日、雲霞《うんか》のごとき幕府軍が京に向かっているという情報が美濃《みの》の藤原秀澄から届いた。その直後、帰京した押松が東国の様子を報告し、「幕府軍と西国武士が戦う様子を御簾の間からご覧あれ」という義時の挑発的な手紙を届けると、御所中の人々はみな肝をつぶし、目を伏せてしまったという。東国武士の味方が期待できないことを悟った上皇は、東海・東山道に藤原秀康、大内惟信、三浦胤義ら主力の1万2000騎を、北陸道に7000騎を派遣。残り700騎ほどを、最終防衛ラインである瀬田《せた》と宇治《うじ》に配して迎撃態勢を固めた。

Q73 なぜ、京方は簡単に幕府軍の侵攻を許したのか？

両軍の最初の攻防は美濃・尾張《おわり》が舞台となった。濃尾国境の木曽川まで進出した京方は、藤原秀澄の作戦により鵜沼渡《うぬまのわたり》や摩免戸《まめど》、墨俣《すのまた》など十数か所に兵を分けて布陣した。これに対して美濃源氏の山田重忠《やまだしげただ》は、1万2000騎が一丸となって墨俣を押し渡り北条泰時を討ち取って、一気に鎌倉を攻略するべきであるという積極策を提案した。しかし、秀澄は幕府の東山・北陸道軍に背後を突かれるのを恐れて持久策を変えなかったという。

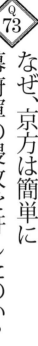

重忠の献策は一見、無謀にみえる。しかし、秀澄の作戦のように少ない兵を分散させれば各個撃破されるのは時間の問題である。東山・東海両軍が墨俣を越えて合流する前に、京方が一体となって東海道軍にあたれば勝機はあったかもしれない。京方は畿内周辺の兵が中心であり、中国・九州から援軍が来れば勝敗の行方は分からなかった。その時間稼ぎのうえでも濃尾の防衛は重要であり、承久の乱の帰趨を左右する一戦だったといえる。

6月5日、美濃・尾張に到着した幕府軍は京方の各個撃破を策し、鵜沼に毛利季光《もうりすえみつ》、池《いけ》

美濃・尾張国境の戦い

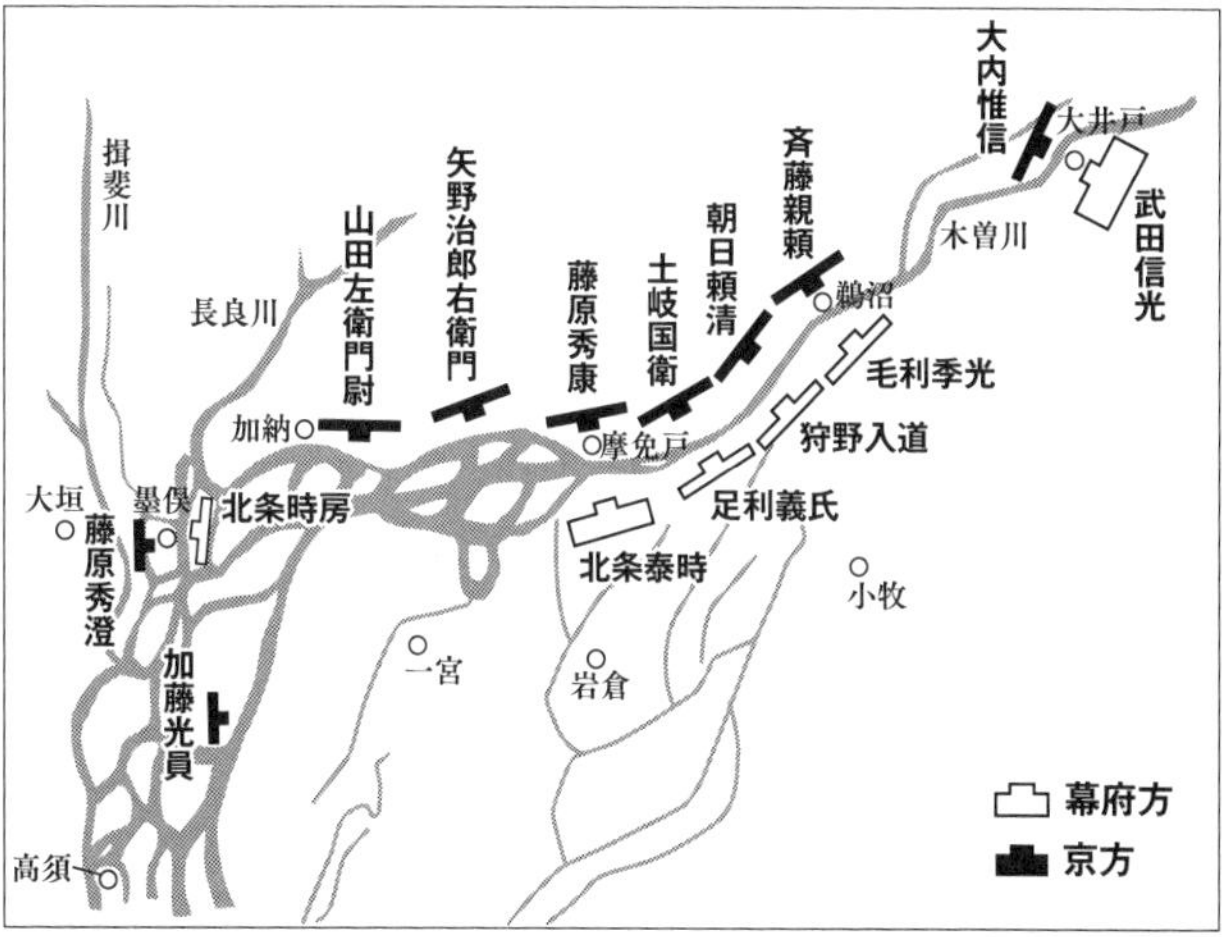

瀬《せ》に足利義氏《あしかがよしうじ》、摩免戸に北条泰時・三浦義村、墨俣に北条時房・安達景盛らを向かわせた。激戦となった摩免戸では山田重忠の奮戦もむなしく、藤原秀康・三浦胤義が敗れて退却。鏡久綱《かがみひさつな》は秀康の臆病をののしりながら自害した。

一方、武田信光率いる東山道軍も大《おお》井戸渡《いどのわたり》で大内惟信を破ったのを皮切りに板橋《いたばし》、鵜沼と軍を進めた。幕府軍の攻勢に恐れをなした藤原秀澄は重要拠点の墨俣を捨てて退却する。それでも重忠はあきらめず300騎を率いて、東海・東山道の合流点である杭瀬川《くいせがわ》に向かったが、精強な武蔵・児玉党《こだまとう》に敗れて撤退。合戦はわずか2日で決着がついた。

Q 74

瀬田の戦いはなぜ激戦になったのか？

濃尾の戦いののち幕府の東海・東山道軍は美濃で合流する。御家人たちは野上《のがみ》・垂井《たるい》で軍議を行い京攻めの手はずを決めた。6月13日、瀬田に北条時房、宇治に北条泰時、手上《たのかみ》に安達景盛・武田信光、芋洗《いもあらい》に毛利季光、淀渡《よどのわたり》に結城朝光・三浦義村らが向かう。

一方、京に前線の敗北が伝えられると院御所は騒然となり、後鳥羽上皇は比叡山を頼って近江の坂本《さかもと》に向かった。しかし、僧兵だけでは幕府軍を防げないという理由で追い返されてしまう。乱の前、後鳥羽は北面・西面の武士を使って比叡山の強訴《ごうそ》を厳しく弾圧しており、その意趣返しであったともいわれる。やむをえず京に戻った後鳥羽は、京を死守すべく山田重忠を瀬田に、佐々木広綱や公卿の源有雅《ありまさ》・高倉範茂らを宇治に、藤原秀康・三浦胤義を食渡《じきのわたり》に、一条信能《のぶよし》・尊長を芋洗に、坊門忠信《ぼうもんただのぶ》らを淀渡に配した。

瀬田では京方が唐橋《からはし》の橋板を外して、濁流する瀬田川の前で幕府軍を待ち受けていた。幕府軍は橋げたを渡ろうとしたが、京方がさんざんに矢を射てくるため容易に進めず、垣楯

瀬田の唐橋（滋賀県大津市）は、東海道・東山道から京へ向かう場合に、通らなければなない要地にあるため、古来さまざまな合戦の舞台となってきた

（楯を並べたもの）に阻まれ、比叡山の悪僧の長刀《なぎなた》に切り伏せられるなど苦戦した。熊《くま》谷《がい》直実《なおざね》の孫・直国《なおくに》も、この戦いで悪僧《あくそう》たちと組み打ちをしてあえない最期をとげた。

劣勢の中、東国武士の妙技を見せたのが宇都宮頼業《うつのみやよりなり》である。あえて橋の川上に陣をしき、川端から遠矢《とおや》を放って戦った。頼業は得意の強弓で300メートル以上先の山田重忠を退かせ、船で近づいてきた悪僧を退けたという。

両軍は激戦を繰り広げたが、なかなか勝敗はつかず、時房は軍兵や矢の消耗を防ぐためいったん攻撃を停止させるほどだった。6月14日夜にようやく京方が撤退し、幕府軍は唐橋を渡り逢坂関《おうさかのせき》から京をめざした。

Q 75 『平家物語』にも影響を与えた宇治川の戦いとは？

瀬田の戦いと同じ頃、宇治川では承久の乱最大の激戦が繰り広げられていた。緒戦から鎌倉方は劣勢で、足利義氏と三浦泰村《やすむら》（義村の子）が北条泰時の到着前に無断で先制攻撃をしかけて多くの死傷者を出したという。泰時は急ぎ雨の中を戦場に駆けつけたが、橋げたを落とした宇治橋では南都の悪僧たちが長刀を振るって鎌倉武士を翻弄していた。

宇治川を渡らなければ勝利できないと考えた泰時は、水練《すいれん》が得意な芝田兼義《しばたかねよし》に川の浅瀬を調べさせ、春日貞幸《かすがさだゆき》・佐々木信綱《のぶつな》・中山重継《なかやましげつぐ》・安東忠家《あんどうただいえ》らに渡河《とか》を命じた。信綱は北条義時から賜った御局《おつぼね》という名馬に乗って兼義と先陣争いを繰り広げたという。しかし、武士の多くは次々と急流に飲まれていく。敗北を覚悟した泰時は「今こそ大将軍が死ぬべき時だ」といい、子の時氏に対岸に渡って討ち死にするよう命じる一幕もあった。

やがて、中州で休んでいた信綱と時氏がほぼ同時に渡り切ると、渡河に成功する武士も増えていき、対岸で京方との戦いが始まった。泰時と足利義氏も民家を取り壊して作らせ

宇治川で先陣争いをする芝田兼義（右上）と佐々木信綱（右下）。急流に飲まれる武士の姿も描かれている。「承久記絵巻」より（高野山龍光院蔵／高野山霊宝館提供）

た筏《いかだ》に乗って川を渡り、武蔵・相模の武士も続々と上陸。鎌倉方の攻勢に京方はなすすべもなく敗れ、源有雅や高倉範茂は戦わずに敗走。八田知尚（知家《ともいえ》の子）、佐々木惟綱《これつな》（広綱の子）、武蔵・横山党の小野成時《おのなりとき》らが討ち死にし、京方の敗北が確定した。

この戦いは『平家物語』に描かれた宇治川合戦との共通点が指摘されている。以仁王《もちひとおう》の乱における悪僧の活躍を描いた「橋合戦《はしがっせん》」、木曽義仲追討戦で佐々木高綱《たかつな》と梶原景季《かじわらかげすえ》が先陣を争った「宇治川先陣」は、承久の宇治川合戦をベースに文学的虚構がほどこされて成立したとされる。人々の記憶に刻まれ語り継がれるほど、まれにみる激戦だったのである。

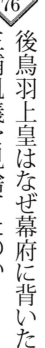

Q76 後鳥羽上皇はなぜ幕府に背いた三浦胤義を見捨てたのか?

瀬田・宇治に続いて、淀や芋洗でも鎌倉方の毛利季光、三浦義村らが勝利し、京方の藤原秀康や大江親広、三浦胤義らは続々と京に帰還した。胤義は山田重忠や西面の武士・源翔《みなもとのかける》と後鳥羽のもとへ向かい、御所に籠って幕府軍と戦い討ち死にする覚悟を述べた。しかし、後鳥羽は「胤義たちが籠ったら鎌倉の武者が御所を囲み、自分を攻撃するだろう。それは不本意であるから、今すぐにどこへともなく退け」と返答した。胤義は無責任な主君に誘われ幕府に背いたことを悔いたという。そして淀・芋洗の要害を破り、淀から来た三浦軍と最後の戦いを繰り広げたのち、洛西《らくせい》の木島《このしま》で自害した。源翔は入京した幕府軍と戦い大江山《おおえやま》へ逃れ、山田重忠も京中で最後の合戦をとげたのち、洛西の嵯峨《さが》に退いて自害した。藤原秀康・秀澄兄弟は奈良を経て河内に逃れたところで捕縛、処刑された。

数奇な運命をたどったのが法印・尊長である。一条能保と頼朝の妹の子でありながら京方として乱を主導した尊長は、芋洗で敗れたのち行方をくらまし、安貞《あんてい》元年(1227)に

三浦胤義の遺児の供養碑（神奈川逗子市）。胤義には5人の子がいたが、助命嘆願も空しく年長の豊王丸を除いた4人が、田越川の川原で斬首された（逗子市観光協会提供）

京で六波羅探題《ろくはらたんだい》の追捕を受け自害した。この直前まで大和《やまと》の十津川《とつかわ》に潜伏し、熊野水軍とともに阿波《あわ》に渡り土御門《つちみかど》上皇を奉じて挙兵する計画を立てていたという。大内惟信も10年以上姿を隠し、比叡山に法師姿で隠れているところを見つかり配流された。

6月15日、六波羅に入った北条泰時・時房は戦後処理に着手する。後鳥羽は義時追討を撤回し、今回の戦いは謀臣《ぼうしん》が勝手に起こしたと弁明したが許されず隠岐《おき》へ配流。順徳上皇は佐渡《さど》へ、土御門上皇は処罰をまぬかれたが自ら望んで土佐《とさ》に流された。

承久の乱によって朝廷に対する武家の優位は確定し、以後650年間にわたり武士の世が続くのである。

Q77 即位経験のない後高倉院はなぜ、治天の君になれたのか？

承久の乱に勝利した幕府は皇位の継承までも左右する権力を手にした。順徳天皇の跡を継いだ仲恭天皇は在位わずか78日で、即位式もないまま廃された。代わって後鳥羽上皇の同母兄・守貞《もりさだ》親王が後高倉院《ごたかくらいん》として院政を行うことになり、子の後堀河《ごほりかわ》天皇が即位する。

後高倉院は高倉天皇の第2皇子である。早くから平氏の保護下におかれ、平知盛の妻を乳母《めのと》として西八条邸《にしはちじょうてい》で養育された。安徳《あんとく》天皇に万一のことがあった場合の控えとして確保されたものといわれる。平氏都落ちの際、安徳とともに連れ去られ、壇ノ浦の戦いを生き延びて帰京。建暦《けんりゃく》2年（1212）に出家していたが、承久の乱で上皇が不在となったため、西園寺公経や幕府の意思により院政を行う治天《ちてん》の君《きみ》に立てられたのである。

即位経験がなく出家した親王が治天の君となるのは後にも先にもこれだけである。後鳥羽の皇統を排除したいという幕府の強い意志がうかがえるとともに、院政が朝廷の政治システムとして必要不可欠であると認識されていたことがわかる。

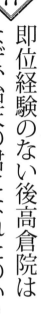

Q78 なぜ、西園寺家は関東申次を世襲するようになったのか？

承久の乱ののち朝廷で絶大な権力を握ったのは、幕府に忠誠をつくした西園寺公経であった。幕府の上洛によって解放された公経は、乱の翌年、太政大臣《だいじょうだいじん》となって位人臣《くらいじんしん》を極め、幕府と朝廷の取次役である関東申次《かんとうもうしつぎ》として、また将軍・九条頼経《くじょうよりつね》の外祖父として絶大な権力を振った。後高倉院が就任からわずか2年で崩御し、後堀河天皇の親政、次いで四条《しじょう》天皇に譲位しての院政が始まるが、実権はつねに公経にあり、摂関の人事まで左右する力をもった。暦仁《りゃくにん》元年（１２３８）の頼経の上洛パレードでは、自身の見物席に摂関家の重鎮である九条道家《みちいえ》と近衛家実《このえいえざね》を招き、摂関を超える権勢を人々に見せつけた。

四条天皇の急死後、後嵯峨《ごさが》天皇が即位すると、公経は孫娘の姞子《きっし》を中宮にして摂関家から外戚の地位まで奪う。関東申次は公経の死後、いったん九条道家に渡ったが、5代執権・北条時頼《ときより》の指名により公経の子・実氏が就任する。北条氏の信頼はあくまで西園寺家にあったのだ。以後、幕府滅亡まで同家に世襲され、絶大な権力をもち続けたのである。

Q79 京におかれた六波羅探題にはどのような権限が与えられた？

鴨川《かもがわ》の東、五条大路の末にある六波羅は、もともと平氏一門が邸宅を構えた場所である。平氏没官領《もっかんりょう》として源頼朝に与えられてから幕府の京における拠点となっていた。

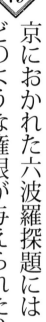

承久の乱の直後、北条泰時・時房は六波羅を拠点として戦後処理を行い、朝廷との折衝や京方の残党狩りと処罰、御家人の勲功の審査などにあたった。両名は処理が終わったのちも数年間駐留し、鎌倉幕府の京・西国支配の出先機関である六波羅探題《たんだい》が成立する。朝廷は六波羅探題を「武家」、鎌倉にある幕府を「関東」と呼んだ。一方、北条時政《ときまさ》、一条能保、平賀《ひらが》朝雅《ともまさ》らに受け継がれてきた京都守護は伊賀光季を最後に廃止された。

六波羅探題は朝廷の監視や交渉、京の治安維持、西国の訴訟の採決などを任務とする。京都守護が幕府だけではなく上皇の指令を受けて活動することがあったのに対し、六波羅探題は幕府の指示だけを受けた。朝廷や上皇が京の警固に武士を使う場合も、まず六波羅探題に伝えられ在京御家人を動員するシステムが定着する。西面の武士は廃止され北面の

六波羅密寺(京都市)の一角に立つ六波羅探題跡の碑。六波羅は平安末、平氏の邸宅が建ち並び、鎌倉時代は幕府の拠点となった

武士も縮小化し、独自の武力で守られてきた院御所も幕府の京都大番役《おおばんやく》によって警固されることになった。院政期から続く京の武家社会の秩序は解体されたのである。

このように大きな権限が与えられる一方、さまざまな規制も加えられた。六波羅探題には北方《きたかた》と南方《みなみかた》があり、いずれも北条一門が任じられたが、これは南北を対等の関係におくことで権力を分散し、幕府から自立した動きを封じるねらいがあった。また、六波羅探題が下した訴訟の採決に不服がある場合は鎌倉に訴えることもできた。

承久の乱の経験をふまえ、西国の武士が朝廷と結ぶことを北条氏は何よりも恐れたのである。

Q 80 乱によって鎌倉幕府の全国支配はどう変化したか？

承久の乱によって武士の勢力図も大きく変わった。京方の守護職は東国の有力御家人に与えられた。播磨《はりま》守護は処刑された後藤基清に代わって小山朝政《おやまともまさ》、淡路守護は自害した佐々木経高《つねたか》に代えて長沼宗政《ながぬまむねまさ》、安芸《あき》守護は宗孝親《むねのたかちか》に代わって武田信光、伊勢守護は大内惟信に代えて北条時房、近江守護は佐々木広綱から弟の信綱、さらに後鳥羽上皇の直轄地とされ守護がおかれなかった紀伊《きい》は三浦義村が守護となった。

さらに大きな変動があったのは地頭職である。没収された京方の貴族・武士の所領は3000余か所におよび、それが東国御家人に新恩給与された（新補《しんぽ》地頭）。西国の守護や地頭は当初、代官を派遣して現地管理にあたったが、安芸に移住した大江氏庶流の毛利氏や武田信光の子孫のように、時代が下るにつれて西国に移住する者が増えていく。こうした西遷《せいせん》御家人によって、東西の人々の交流が活発化していくのも乱後の特徴である。

ただし、西国の所領には乱前まで地頭がおかれなかったところ、東国の地頭に比べて収益

承久の乱後に新補地頭が置かれた国

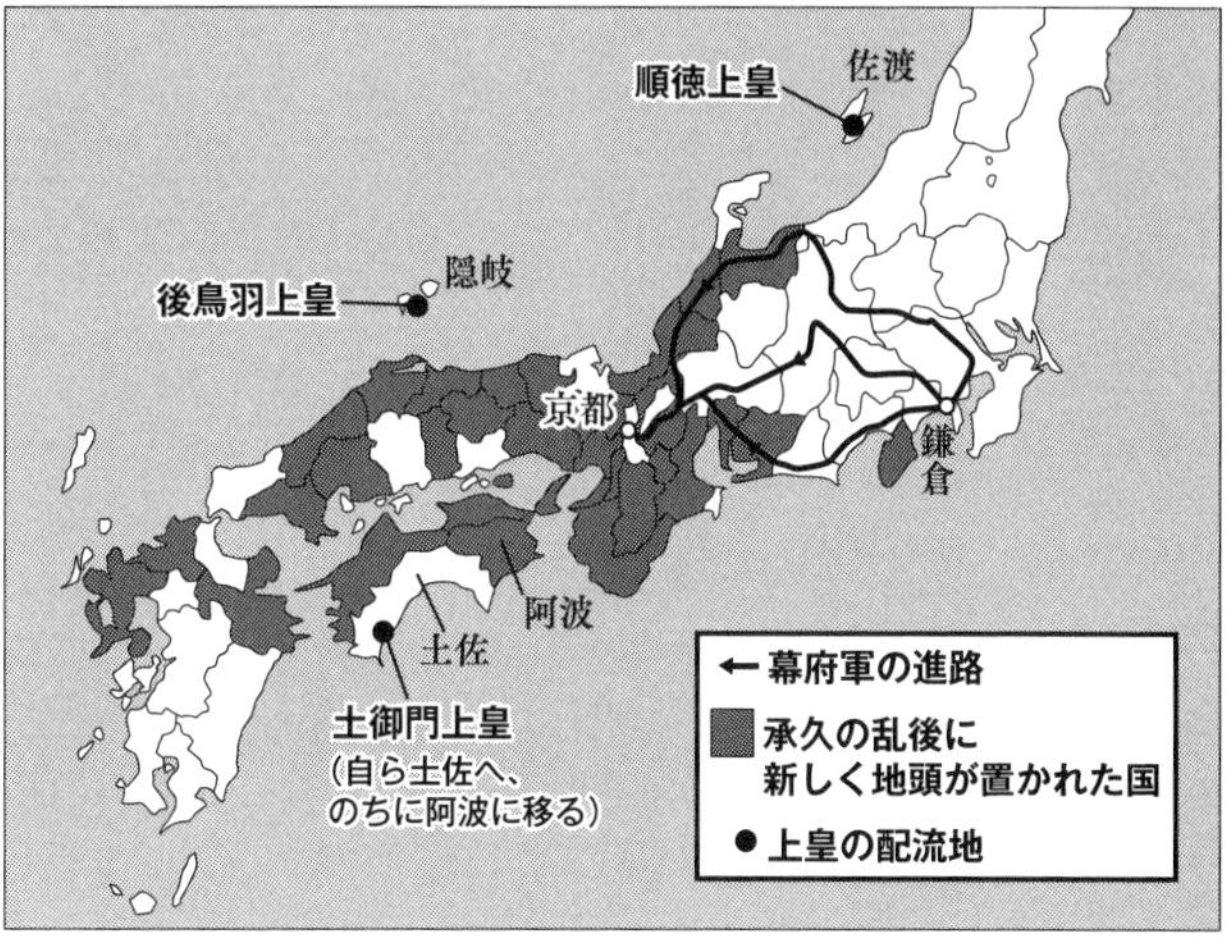

が少ない場所もあり、先例を守ろうとする荘園領主との間で紛争が多発した。そこで、貞応《じょうおう》2年（1223）、幕府は朝廷に要請して宣旨により新補地頭の収益の基準を定めた。これにより田畠11町ごとに1町を地頭の収益とし、その他の田畠には1反ごとに5升の加徴米《かちょうまい》を徴収できる権限が保証され（新補率法《しんぽりっぽう》）、新補地頭は旧来の慣習を受け継ぐか、新補率法を適用するか選べるようになった。

　地頭の収益が宣旨により定められたことで、幕府の地頭は国家の土地制度として位置づけられた。守護・地頭の進出により幕府の支配は西国におよび、全国政権へ飛躍する第一歩となったのである。

Q 81

配流された上皇はどのような最期を遂げた？

3上皇が流された隠岐・佐渡・土佐は、頼朝の伊豆と同様、重罪犯のための遠流《おんる》の地であった。隠岐は歌人の小野篁《おののたかむら》、源義家《よしいえ》の子・義親《よしちか》、後醍醐《ごだいご》天皇、佐渡は文覚《もんがく》や日蓮《にちれん》、世阿弥《ぜあみ》、土佐は頼朝の実弟・希義《まれよし》、浄土宗の法然《ほうねん》などが配流されたことで知られている。

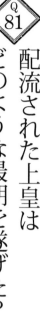

後鳥羽上皇は出家したのち側近の藤原能茂《よしもち》や愛妾・亀菊らわずかな供を連れて隠岐に渡り、源福寺《げんぷくじ》の黒木御所《くろきのごしょ》（隠岐郡海士町《あまちょう》）に入った。目の前に海が広がる配所で、京の生活を夢のように思い出しながら、和歌と仏道修行に明け暮れたという。後鳥羽はここで『遠島百首《えんとうひゃくしゅ》』『後鳥羽院御自歌合《おんじかあわせ》』などの歌集を編み、新古今の改訂版『隠岐本新古今和歌集』を完成させた。嘉禎《かてい》元年（1235）には摂政・九条道家の主導で上皇の帰京が幕府に申請されたが却下。4年後、帰京を夢見ながら60歳の生涯を閉じた。この直後、鎌倉では北条時房や三浦義村らが相次いで亡くなり、後鳥羽院の怨霊のしわざと恐れられた。

佐渡に流された順徳上皇の最期は壮絶だった。仁治《にんじ》3年（1242）、四条天皇が12歳で

徳島県鳴門市の阿波神社には、土御門上皇を火葬したとされる火葬塚がある。終焉の地は、上皇が5年間、配所生活を送った阿波市の御所神社といわれている

亡くなり、順徳上皇の皇子・忠成王《ただなりおう》が新帝の候補とされた。即位すれば順徳の院政が実現する可能性もあったが、幕府の意向により土御門上皇の子・邦仁《くにひと》親王が後嵯峨《ごさが》天皇として即位する。何としても順徳の皇子に皇統を継がせまいとする幕府の強い意志の表れであった。帰京の夢が閉ざされた順徳は無念のあまり自ら飲食を断ち、同年46歳で崩御した。

　自ら土佐に赴いた土御門上皇は、間もなくより京に近い阿波に移された。配所で多くの和歌を詠み『土御門院御集《ぎょしゅう》』を残した。幕府は土御門を丁重に扱い、帰京の噂は絶えることがなかったが、乱の10年後、皇子の即位を見ることなく37歳で亡くなった。

京都守護の職に殉じた硬骨の御家人

伊《い》賀《が》光《みつ》季《すえ》(?〜1221)

ムカデ退治の伝説で知られる藤原秀郷《ひでさと》の末裔・伊賀朝光《ともみつ》の子。姉妹の伊賀の方《かた》が北条義時の後妻となったことから重用され、建保《けんぽう》7年(1219)、大江親広(広元の長男)とともに京都守護となった。承久の乱では親広がいちはやく後鳥羽上皇に味方する一方、光季は討ち死に覚悟で敵対を表明。わずか31騎で三浦胤義・佐々木広綱らの率いる800余騎の官軍に立ち向かい敗北する。光季は邸宅に火を放ち、14歳の次男・光綱《みつつな》を涙ながらに刺し殺して炎に投げ入れ自害した。その死にざまを聞いた後鳥羽は、光季を味方にして義時追討の大将軍にしたかったといって嘆いたという。

結城氏の基礎を築いた頼朝の乳母子

結《ゆう》城《き》朝《とも》光《みつ》(1168〜1254)

源頼朝の乳母・寒河尼《さむかわのあま》の子で、兄の小山朝政《おやまともまさ》とともに挙兵から従った。志太義広《しだよしひろ》を破った野木宮合戦《のぎみやかっせん》の戦功により下総の結城郡を与えられ結城氏の初代となる。弓の名手として知られ、数々の合戦で武功をあげる一方、人柄は高潔で、東大寺再建供養のおり、御家人と悶着を起こした南都の衆徒《しゅうと》に丁寧に対応し「容貌が美しく物言いもはっきりしている」と称賛された。承久の乱後、評定衆《ひょうじょうしゅう》に加わるが「私は短慮で是非をわきまえないから」といって2か月で辞職。晩年は幕府の重鎮として北条氏の信頼も厚く、87歳の長寿をまっとうし、後世、下野・陸奥まで広がる結城氏の基礎を築いた。

5章

承久の乱後の鎌倉幕府

Q 82

北条義時が暗殺された！という噂があったのは本当か？

承久《じょうきゅう》の乱に果断に対処したかにみえる北条義時《ほうじょうよしとき》だが、勝利を確信していたわけではなかった。泰時《やすとき》の出陣を見送ってから絶えず勝敗の行方に不安を抱き、鶴岡八幡宮や永福寺《ようふくじ》などに戦勝と平和の祈祷を行わせ、開戦から2週間後、館に雷が落ちた時は凶事の前兆ではないかといっておびえた。それだけに勝利の報告を受けた時は大いに喜び、「私の果報が帝王に勝っていた。前世の行いが今一つ足りずに武士に生まれたのだ」と述べたという。大乱を制した義時は守護《しゅご》・地頭《じとう》の任命や所領安堵を行い武家の最高実力者として君臨した。

義時が62歳で急死したのは、乱から3年後の貞応《じょうおう》3年（1224）である。この直前、鎌倉の浜に大量の魚が打ちあげられ、大地震が起こるなど変事が続出した。その地震から2週間後の6月12日、義時は突如発病し重態に陥る。持病の脚気《かっけ》に加えて霍乱《かくらん》（下痢《げり》や嘔《おう》吐《と》を伴う病）が発症したという。午前4時頃に出家した義時は阿弥陀如来《あみだにょらい》の名号《みょうごう》を唱え続け、最期は念仏を数十遍繰り返し午前10時頃に息絶えた。

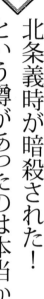

後鳥羽上皇に応じて挙兵した三浦胤義から決起を促された兄の義村は、その手紙を義時（左上）に披露する。「承久記絵巻」より（高野山龍光院蔵／高野山霊宝館提供）

霍乱は不治の病ではないが、3か月前に伊賀《いが》の方《かた》の兄弟の伊賀光資《みつすけ》も同じ病で亡くなっており、当時は命を奪われることも珍しくなかったようだ。

だが、義時の死があまりにも急だったため、死因についてはさまざまな憶測が飛び交った。藤原定家《ふじわらのさだいえ》の『明月記《めいげつき》』によると、この3年後、京で捕らえられた尊長《そんちょう》が「早くわしの首を斬れ。それがいやなら義時の妻が夫を殺した薬を飲ませろ」と口走り人々を驚かせたという。また、南北朝期成立の『保暦間記《ほうりゃくかんき》』は、義時が近習《きんじゅう》に刺殺されたという記事を載せている。上皇を配流した義時に対する人々の反発が、このような物騒な噂を生んだのかもしれない。

Q
83

北条義時の死後に起きた「伊賀氏の変」とは？

義時には４人の妻妾がいた。寿永《じゅえい》２年（１１８３）に嫡子・泰時を生んだ阿波局《あわのつぼね》、建久《けんきゅう》３年（１１９２）に頼朝の仲介で結婚し朝時《ともとき》（名越《なごえ》氏の祖）を生んだ比企朝宗《ひきともむね》の娘・姫《ひめ》の前《まえ》。３番目が伊佐朝政《いさともまさ》の娘、そして最後が伊賀朝光《いがともみつ》の娘・伊賀の方である。伊賀の方は元《げん》久《きゅう》２年（１２０５）に政村《まさむら》を生んでおり、結婚はこれより少し前と考えられる。

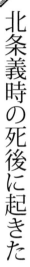

義時が泰時を後継者と考えていたことは、すでに政所別当《まんどころべっとう》を継がせ、鎌倉の邸宅を譲っていたことから明らかだった。しかし、伊賀の方は夫の死後、兄の政所執事《しつじ》・伊賀光宗《みつむね》とはかり、政村の烏帽子親《えぼしおや》（後見人）である三浦義村《みうらよしむら》を誘って、娘婿の公卿・一条実雅《いちじょうさねまさ》（能《よし》保《やす》の子）を将軍に、政村を執権にすえる謀議をめぐらしたという。これに対し、六波羅探《ろくはらたん》題《だい》として京にいた泰時は、父の死の２週間後にようやく鎌倉に入る。義時の葬儀はすでに終わっていたが、伊賀の方の陰謀の噂を聞き鎌倉に入るタイミングを計っていたのだろう。

この危機を治めたのが北条政子だった。政子は義村邸を訪れ伊賀の方との密談について問

北條寺（静岡県伊豆の国市）に立つ北条義時と伊賀の方の墓。北條寺は義時の子・安千代が大蛇に襲われて亡くなったため墓所としたのが始まりとされる

いただし泰時の執権就任を了承させた。さらに三寅《みとら》とともに泰時邸に入り葛西清重《かさいきよしげ》や小山朝政《おやまともまさ》、結城朝光《ゆうきともみつ》、大江広元《おおえのひろもと》らと対応を協議。一条実雅を京に送還し、伊賀光宗は信濃《しなの》に配流、伊賀の方は伊豆に追放した。

この時代、当主の遺領を分配する権限は後家にあり、伊賀の方は当時の慣習に沿って動いただけという見方もある。しかし、義時の後継者は執権という地位を含んでおり、北条氏だけでなく幕府全体の問題でもあった。頼朝や義時と築いた幕府を守るため、政子は最後の大仕事をやってのけたのだ。尼将軍と宿老の支持を受けて泰時は執権に就任し、執権政治の全盛期を築いていくのである。

Q 84

なぜ、北条政子は「尼将軍」と呼ばれたのか？

北条泰時が執権に就任した翌年の嘉禄《かろく》元年（1225）7月、尼将軍として御家人を束ねていた北条政子が69歳で亡くなった。日本史上、もっとも有名な女性政治家の一人であるにもかかわらず、意外にも本名は伝えられていない。「政子」の名は建保《けんぽう》6年（1218）に従三位《じゅさんみ》に叙された際、父・時政にちなんでつけられたものだ。頼朝の在世中は「御台所《みだいどころ》」、頼朝の死により出家したのちは「尼御台」「二位の尼」、公式文書では「平政子」と記されており、北条政子と呼ばれるようになったのは20世紀以降であるという。

頼朝の死後、政局を主導したのは北条時政や義時であったが、その背後には常に政子の存在があった。この時代、前当主の後家は家長《かちょう》に次ぐ権威をもっていた。比企能員《ひきよしかず》や畠山《はたけやま》重忠《しげただ》の追討事件で御家人の多くが時政に従ったのも、背後に政子がいたからだ。そのため、牧氏《まきし》の変で政子が義時についた時、時政は御家人の支持を失い失脚したのである。その後も和田義盛《わだよしもり》の乱や伊賀氏の変など、常に政子の支持した側が勝利した。頼朝の後家、将軍

鎌倉五山第3位の寿福寺にある北条政子の墓（左）。寿福寺は政子が栄西を開山として、頼朝の父・義朝の旧邸跡に建立した臨済宗の寺院である

の生母としての政子の権威が御家人たちの決定的な分裂を防ぎ、政権交代による混乱も最小限に食い止めることができた。

実朝の死後、政子は三寅の後見役として事実上の鎌倉殿となり、幕政の運営や所領の訴訟など最終的な意思決定を行った。鎌倉末・南北朝期に編まれた年代記『鎌倉年代記』『鎌倉大日記《おおにっき》』は、いずれも実朝《さねとも》の次の将軍として政子をあげ、在任期間を実朝の死から政子が亡くなるまでとしている。「御成敗式目《ごせいばいしきもく》」でも政子が行った訴訟採決は頼朝と同等の先例として重視された。「尼将軍」の呼び名は決して比喩ではなく、4代目の鎌倉殿として認識されていたあかしなのである。

Q85 源氏3代の鎮魂の司祭となった頼朝の庶子・貞暁とは何者？

非業の死を遂げた源氏一族の中で、仏道修行に専心して生涯をまっとうした人がいた。実朝の異母兄・貞暁《じょうぎょう》である。文治《ぶんじ》2年（1186）、下級貴族の娘・大進局《だいしんのつぼね》を母として生まれた貞暁は、大江景国《おおえのかげくに》の家でひっそりと養育されていたが、嫉妬深い政子に存在を知られ7歳で京に送られた。仁和寺《にんなじ》の隆暁法印《りゅうぎょうほういん》のもとで修業を積み21歳で別院の住職となるが、やがて京を離れ高野山に隠棲する。世俗の権力闘争に巻き込まれるのを避けたのだろう。

この頃には政子の嫉妬も消えていたようだ。承元《じょうげん》2年（1208）、熊野参詣途中の政子の訪問を受けて還俗《げんぞく》（俗人に戻る）の意思はないか聞かれている。貞応《じょうおう》2年（1223）には、政子の援助により高野山内に阿弥陀堂と五輪塔3基を建立し、3代の将軍の冥福を祈った。自身の嫉妬のため鎌倉を追われた貞暁に、政子は夫と息子の鎮魂を託したのだ。頼朝の血を引くただ一人の男子の存在は、晩年の政子の心の支えになっていたのかもしれない。しかし、政子の死の6年後、貞暁も46歳で亡くなり頼朝直系の男子は断絶する。

Q86 4代将軍・九条頼経の権威を高めた竹御所とは？

北条政子の死後、源氏の血を継いだ女性として御家人の尊崇を集めたのが源頼家《よりいえ》の長女・竹御所《たけのごしょ》である。母は比企能員《ひきよしかず》または木曽義仲《きそよしなか》の娘といわれ、頼家が幽閉された建仁《けんにん》3年（1203）に生まれた。実朝の妻の養子となり実朝の死後は政子の庇護を受けた。

竹御所の活躍が顕著になるのは政子が亡くなった直後からである。政子の葬儀や追善供養を主催したほか、将軍が行うべき神事を取り仕切るなど、鎌倉殿の祭祀《さいし》権を代行するようになるのだ。そして、28歳になった寛喜《かんぎ》2年（1230）、15歳年下の将軍・九条頼経《くじょうよりつね》と結婚する。頼朝の遠縁とはいえ頼経は藤原氏であり将軍としての正統性は弱い。源氏の血を分けた竹御所を正室に迎えることで、鎌倉殿としての頼経の正統性を補完しようとしたのだといわれている。実際、将軍の重要な祭祀の多くに竹御所は同行し、将軍と同等の礼遇を受けている。結婚からわずか4年で竹御所は亡くなるが、源氏の正統として、政子亡きあとの将軍家の求心力を保つ役割を果たしたのである。

Q87 北条泰時が完成させた執権政治体制とはどんなもの？

御家人統合の核である北条政子を失った幕府は、執権・北条泰時のもとで大幅な幕政改革に着手する。執権を補佐する連署《れんしょ》（幕府の発給文書に執権と連名で署名する）をおいて叔父の時房《ときふさ》を任じた。次いで、有力御家人や政務に通じた文官による十数名の評定衆《ひょうじょうしゅう》を設置し、評定会議において執権・連署と評定衆が合議により幕政や裁判にあたるシステムを構築した。嘉禄2年（1226）1月には朝廷に要請して9歳の頼経を征夷大将軍に任じた。藤原氏出身の「摂家《せっけ》将軍」の誕生である。ただし、頼経は評定会議に参加せず決定事項を閲覧するだけで、実朝のように決裁権を握ることはできなかったといわれる。

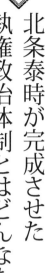

多くの餓死者を出した寛喜《かんぎ》の大飢饉を経た貞永《じょうえい》元年（1232）には、武家初の基本法典である「御成敗式目《ごせいばいしきもく》（貞永式目）」を制定する。守護・地頭の任務や権利が定まり、御家人や荘園領主の所領争い、犯罪人の処分などを公平に裁く基準が明確となった。

かつて、合議政治への転換は将軍権力を無力化するためと解釈されることもあった。実

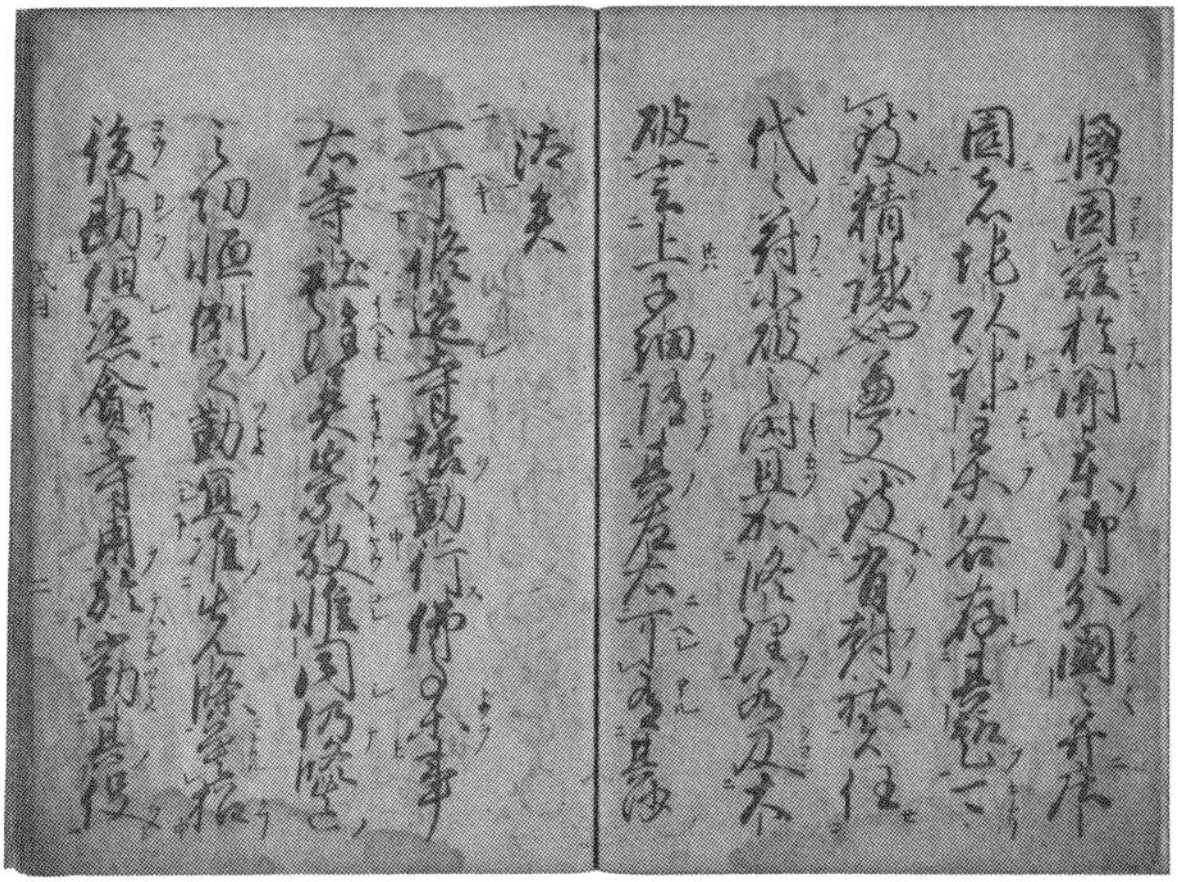

御成敗式目は、鎌倉幕府が制定した武家の基本法であり、制定後も必要に応じて追加、修正が行われた（国立国会図書館蔵）

際は、義時・政子らの死によって弱体化する恐れがあった幕府権力を強化するための改革にほかならない。

　これまでの幕府は頼朝や実朝、政子らの政治力とカリスマ性によって支えられてきた。しかし、政子が亡くなり、若く正統性の弱い九条頼経のもとで幕府をまとめていくには、鎌倉殿個人の資質に頼るのではなく、御家人たちが納得できる形で政治を行う官僚機構、客観的・普遍的な法律の整備が必要であり、そのための措置が評定衆の設置や御成敗式目の制定だった。

　幕府の機構が整い、公平な政治が行われた泰時の時代に、執権政治は全盛期を迎えたといわれている。

Q 88

北条泰時が定めた「御成敗式目」の歴史的意義とは？

源実朝までの所領裁判は、特定の法律ではなく当時の慣例に沿って鎌倉殿が個別に裁定を下した。こうした慣習的な判決を成文化することで、公平な裁判を実現するために制定されたのが御成敗式目である。51か条の簡素な法典で、法律に詳しい評定衆の文官を中心に制作された。最大の特徴は武家社会の先例や常識、正義など、多くの人々を納得させる「道理《どうり》」に基づいて定められているところだ。政子の時代までに保証された所領についてみだりに訴訟を行ってはならないとする「不易法《ふえきほう》」、20年以上知行した所領は理由にかかわらず保障する「年紀法《ねんきほう》」などに頼朝以来の先例を重視する姿勢がみえる。教養のない御家人にも理解できるように、平易な文章で記述されている点も特徴とされる。

御成敗式目は貞永元年（1232）に施行されたのちも、必要に応じて条文の追加・変更が適宜行われた（式目追加）。さらに、室町幕府の基本法として受け継がれ、戦国大名が制定した分国法《ぶんこくほう》（戦国家法）、江戸幕府の武家諸法度《ぶけしょはっと》にも大きな影響を与えたといわれる。

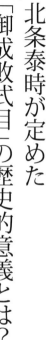

Q 89 なぜ、鎌倉には幕府の跡地が3つも存在するのか？

鎌倉には「幕府跡」の石碑が3つある。幕府は歴代将軍が政務を行った居館であるが、3つの石碑は幕府が2度移転していることを示している。最初、頼朝が築いた政庁は鶴岡八幡宮の東の大倉山《おおくらやま》の麓にあった。これが大蔵《おおくら》幕府（鎌倉市雪ノ下3丁目）で嘉禄元年（1225）まで鎌倉殿の御所として使用された。この最初の移転が北条政子の死と同年であるのは偶然ではない。執権・北条泰時による幕政刷新の一環として宇都宮辻子《うつのみやずし》（鎌倉市小町2丁目）に新たな幕府が造られ、ここで初めての評定会議が行われた。カリスマ的な鎌倉殿の政治から合議政治への移行を象徴する事業として位置づけられたのである。

しかし、宇都宮辻子幕府はわずか10年で終わり、嘉禎《かてい》2年（1236）に若宮大路《わかみやおおじ》幕府に移転する。移転の理由や場所は不明で、鶴岡八幡宮に近い横大路に面していたとする説、場所は宇都宮辻子幕府と同じで出入口が若宮大路に面していたという説がある。以後98年間、政庁として使用され、元弘《げんこう》3年（1333）の新田義貞《にったよしさだ》の鎌倉攻めで焼失した。

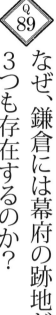

Q 90 なぜ、北条氏の宗家を「得宗家」と呼ぶのか？

執権政治の全盛期を築いた泰時の死後、幕政の主導権は執権から、北条氏宗家の当主である「得宗《とくそう》」へ移り、やがて得宗専制政治に移行していくといわれている。

得宗は義時の死後の法名または追号に由来するといわれる。しかし、義時の法名は観海《かんかい》であり、得宗の呼び名と義時を結びつける決定的な根拠はないという。

14世紀以降の軍記物語や古文書に、得宗を「徳宗」「徳崇」と記したものがあることから、得宗をこれらのあて字とする見方がある。北条氏の歴代当主は時頼《ときより》以後、禅宗を信仰した。彼らの法名も時頼が道崇《どうすう》、貞時が崇暁《すうぎょう》・崇演《すうえん》、高時が崇鑑《すうかん》と、4人の得宗のうち時宗《ときむね》を除く3人が「崇」の字を使っている。そのため、最初に「崇」の字を使った時頼が家祖である義時に禅宗系の「徳崇」を追号したとする説がある。時頼が20歳で執権になった時、不満をもつ北条一族は多かった。時頼は自己の正統性を示すため、自身の法名にある「崇」の字を使って義時に「徳崇」を追号したというのだ。

一方、北条時宗こそが得宗成立にかかわるという説もある。時宗の法名は道杲《どうこう》だが、14世紀初頭の古文書によると「徳崇」とも号していた（時宗は病で急死したため、死後に追贈された可能性もある）。同時代文書の中で、北条氏嫡流に「得宗」のあて字が使われるようになるのも時宗以後である。

また、「徳宗」には徳のある政治（徳政）を行う主体という意味があったともいわれている。時宗の死後、徳政への期待が高まる中で、北条氏当主は自ら「徳宗（得宗）」を称するようになり、家祖である義時までさかのぼらせたのではないかというのだ。

いずれにせよ得宗が義時の時代ではなく、禅宗の信仰や徳政への自覚が芽生えた後代に考案されたことは間違いなさそうだ。

北条執権邸跡の碑（神奈川県鎌倉市）。義時が屋敷を構えた地に、5代・時頼から最後の得宗・高時までが邸宅を構えた。北条氏滅亡後は宝戒寺が建ち、現在にいたる

Q
91

九条頼経が鎌倉を追放された「宮騒動」はなぜ起きた？

仁治《にんじ》3年（1242）、北条泰時が60歳で亡くなり、早世していた時氏《ときうじ》の嫡子で19歳の経《つね》時《とき》が後を継いだ。経時は評定衆の交代制の導入、将軍の判決文の閲覧停止など訴訟の迅速化を進めた。この改革は将軍の権力を制限するものでもあり、26歳になっていた将軍・九条頼経との関係が悪化しつつあることを露呈した。

事実この頃、頼経の周囲では北条氏庶流の名越光時《なごえみつとき》・時幸《ときゆき》兄弟、三浦光村《みつむら》など側近集団が形成され、執権と対抗するようになっていた。寛元《かんげん》2年（1244）、経時は頼経から6歳の嫡子・頼嗣《よりつぐ》に将軍職を譲らせたが、頼経は将軍を後見する「大殿《おおとの》」として鎌倉に残った。不穏な空気が漂う中、経時は病気を患い20歳の弟・時頼《ときより》に執権職を譲り亡くなる。

だが、若き執権・時頼の基盤は不安定だった。就任から2か月後、名越光時による時頼討伐の陰謀が露見。時頼が機先を制して名越邸を包囲したことで、光時・時幸は戦わずに降伏する。光時は出家のうえ配流となり、千葉秀胤《ちばひでたね》ら頼経派の評定衆が解任され、頼経は

鎌倉市の法華堂に残る、宝治合戦で敗れた三浦泰村らを葬ったとされるやぐら。三浦氏の本流はこれで途絶えたが、分家筋により家は受け継がれ、戦国時代に滅亡するまで続いた

京に追放された（宮騒動《みやそうどう》）。名越氏は一族で多くの守護職をもち、北条時政が居館とした名越邸を相続した自分たちこそ北条氏の正統であるという自負をもっていた。特に光時は義時の孫であり、曽孫の時頼より執権にふさわしいと考えていたという。

　宮騒動ののち御家人ナンバー２の座をめぐって、三浦氏と安達《あだち》氏の対立が先鋭化。時頼は和平を模索したが安達氏の突出を抑えられず、宝治《ほうじ》元年（１２４７）、安達義《よし》景《かげ》・泰盛《やすもり》らの攻撃を受けた三浦泰村《やすむら》は頼朝の墓所の法華堂にこもり、一族５００余人とともに自刃し三浦氏は滅亡した（宝治合戦）。２つの政変によって反得宗勢力は弱体化し時頼の政権は安定をみた。

Q 92 なぜ、摂家将軍のあとに皇族の宮将軍が誕生したのか？

鎌倉幕府の政治体制は、将軍独裁→執権政治→得宗専制の3段階に区分されるといわれる。このうち、執権政治から得宗専制への移行期にあたるのが時頼の時代だった。執権政治を大きく進展させたのが引付《ひきつけ》の新設である。複数の番ごとに引付頭人《とうにん》をおき、数名の評定衆や引付衆とともに訴訟の審理を行う制度で、裁判の迅速化・公平化を実現した。

一方、得宗専制の傾向が強まっていくのも時頼の治世の特徴である。時頼は30歳の時、蘭渓道隆《らんけいどうりゅう》を戒師《かいし》として出家し、家督を6歳の時宗《ときむね》に、執権職を北条長時《ながとき》（重時《しげとき》の子）に譲った。これは引退ではなく、早期に時宗を後継者に指名することで家督争いを防ぐねらいがあったといわれる。実際、時頼は出家後も院政を行う治天《ちてん》の君《きみ》のように権力を握り続けた。これにより幕府の実権が執権ではなく得宗にあることが明確になり、得宗専制への道筋がつけられたのである。これに伴い、得宗の私邸で行われる「寄合《よりあい》」が事実上の幕府の意思決定機関になっていく。寄合は北条一門やその外戚、御内人《みうちびと》（得宗の被官《ひかん》）などで

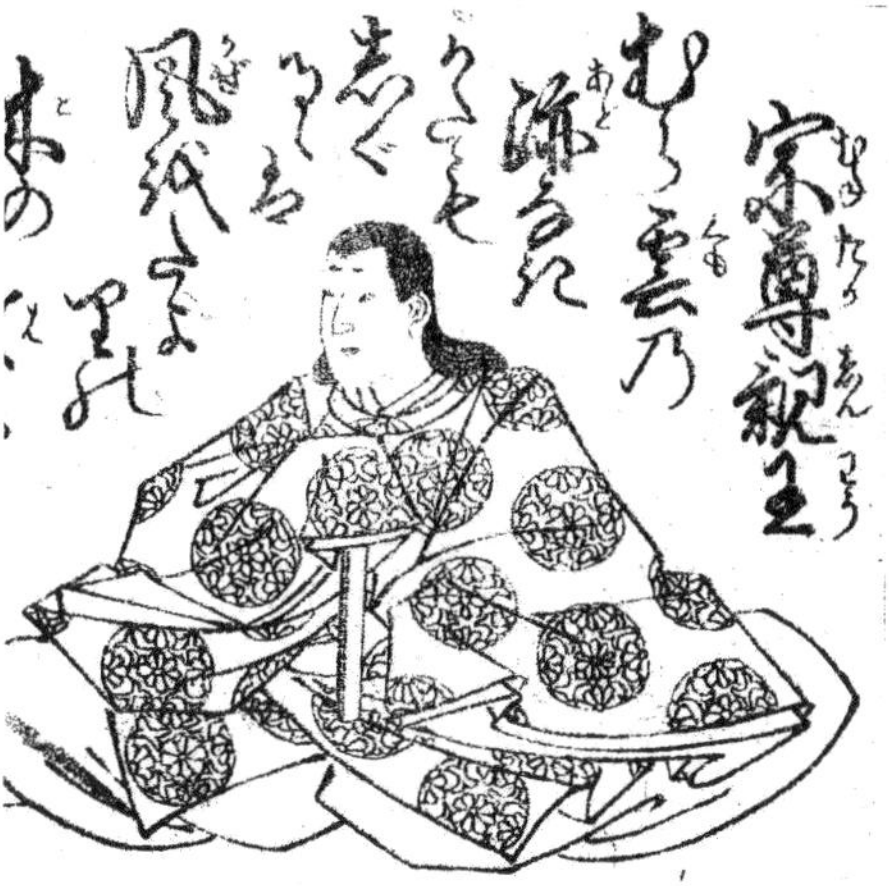

後嵯峨天皇の第一子で、鎌倉幕府6代将軍となった宗尊親王。歌を良くして、鎌倉歌壇の中心的な人物として活躍した（国文学研究資料館蔵）

構成されており、重要事項はここで審議され評定会議にあげられるようになる。

親王《しんのう》将軍（宮《みや》将軍）の擁立も寄合によって決定された。建長《けんちょう》4年（1252）、後《ご》嵯峨《さが》上皇の第1皇子・宗尊《むねたか》親王が鎌倉に下り6代将軍に就任する。後嵯峨は北条氏の支援を受けて即位したため幕府との関係は良好だった。また、西園寺実氏《さいおんじさねうじ》を外戚とする後深草《ごふかくさ》天皇（宗尊の異母弟）がすでに即位していたため、「天皇になれないのなら将軍になったほうがよい」といって歓迎する公家は多かったという。

以後、幕府滅亡まで4代の宮将軍が続いたが、いずれも若くして廃されており得宗家の傀儡《かいらい》の立場を脱することはなかった。

Q 93

北条時頼が出家後に諸国をめぐった「廻国伝説」は本当のこと？

北条時頼には水戸黄門《みとこうもん》のように諸国をめぐり貧しい人々を救ったという「廻国伝説《かいこく》」がある。謡曲「鉢木《はちのき》」は、貧しい御家人・佐野常世《さのつねよ》が旅僧に身をやつした時頼をもてなし、幕府への忠誠心を認められ所領を与えられる話である。『太平記』『増鏡《ますかがみ》』などの軍記や歴史書にも、出家した時頼が訴訟に敗れた者を救い、奪われた所領を取り返す逸話がある。

廻国の実否は不明だが、時頼が弱者保護の政策を打ち出したのは事実である。公平・迅速な裁判のための引付の設置をはじめ、荘園領主との紛争が多い西国御家人の保護、将軍御所の警固など勤務態度の良好な御家人への褒賞も行った。また、撫民《ぶみん》政策として、地頭に百姓の田畑を奪うことを禁じ、名主《みょうしゅ》や百姓が地頭の非法を幕府に直接訴える「雑人訴訟《ぞうにん》」を重視するなど一般民衆にも心を配っている。さらに、御家人や鎌倉の住人に贅沢を禁じる法令を出し、自らも質素倹約を心がけた。時頼の廻国伝説は、こうした御家人保護や訴訟制度の改革、撫民政策などを象徴的に表したものと推測されている。

Q 94 時宗はどのように得宗家への権力集中を進めたのか？

北条時頼の死後、長老の北条政村が執権、14歳の時宗が連署になると、得宗家への権力集中は加速していく。引付は一時廃止となり評定衆は縮小された。さらに、得宗専制の象徴となったのが6代将軍・宗尊親王の罷免である。表向きは将軍正室の密通事件が理由であったが、実際は宗尊が名越氏ら反得宗勢力と結びつきを強めていたためといわれる。宗尊は京に強制送還され、3歳の惟康《これやす》親王が後を継ぎ将軍の傀儡化がより顕著になった。

文永《ぶんえい》5年（1268）、モンゴル帝国のクビライ＝ハンから日本に服属を求める国書が届いた。国難に対処すべく18歳で執権となった時宗は、外敵の襲来に備える一方、反得宗勢力の粛清に着手する。同9年2月、鎌倉で名越時章《ときあき》・教時《のりとき》兄弟を、京で六波羅《ろくはら》探題南方《たんだいみなみかた》の北条時輔《ときすけ》（時宗の異母兄）を誅殺したのだ（二月騒動）。実際は時章に謀反の証拠はなく、誤殺だったとして下手人の御内人が処刑されている。体制安定のための時宗方の謀略であったが、これにより幕府は一丸となって外敵へ向かう体制を整えたのである。

Q 95 未曽有の危機となった蒙古襲来はむしろ得宗権力の強化につながった？

幕府が内紛で揺れていた頃、大陸ではクビライが高麗《こうらい》の反乱軍を壊滅し、南宋《なんそう》の拠点を攻略するなど東アジアへ支配を伸ばしていた。国号を元《げん》に定めたクビライは、文永《ぶんえい》11年（1274）、日本遠征を決行。元軍は対馬《つしま》・壱岐《いき》を侵略したのち博多湾から上陸したが、日本軍の激しい抵抗と内部分裂により撤退する（文永の役）。

幕府は九州の御家人に海岸防備を命じ（異国警固番役《いこくけいごばんやく》）、海岸に防塁（石築地《いしついじ》）を築かせ、元の使者・杜世忠《とせいちゅう》を龍口《たつのくち》で処刑し徹底抗戦の覚悟を示した。幕府が強硬に対応したのは、大陸から渡来した禅僧の多くがモンゴルに敵対心を抱いており、時宗らに影響を与えたためとされる。弘安《こうあん》4年（1281）、クビライは前回を上回る大軍を日本に送ったが、御家人たちの奮戦により上陸をはばまれ、海上で暴風雨にあい壊滅する（弘安の役）。

2度の蒙古襲来は日本中世における最大の対外危機であったが、一方で幕府権力が西国に伸びる契機にもなった。蒙古の襲来に備えて関東武士を西国に派遣し、九州の守護に警

元寇の様子を、肥後の御家人・竹崎季長が描かせた蒙古襲来絵巻（模本）。騎馬で突撃する竹崎季長の側で、「てつはう」が炸裂している（東京国立博物館蔵／Colbase）

固を命じるなど影響力を強めた。また、諸国に大田文《おおたぶみ》（一国の土地台帳）の提出を命じ、兵糧の確保や軍役を課す御家人の掌握にも努めている。

文永の役の直後には大陸への出兵を決定。準備の一環として九州・中国の守護の大幅な交代を行い、時宗以下、北条一門が就任した。遠征は中止されたが、九州まで得宗権力を浸透させる結果となった。弘安の役ののちも九州の御家人に海岸防備を命じ、これまで支配のおよばなかった御家人以外の武士も動員できるよう朝廷に要請している。異国防御という大義名分のもと、総動員体制を構築する中で得宗権力の強化が図られたのである。

Q96 改革を主導した安達泰盛はなぜ「霜月騒動」で滅ぼされたのか？

弘安の役の3年後、北条時宗が34歳で急死した。14歳の北条貞時《さだとき》の後見役として実権を握ったのが伯父の安達泰盛である。泰盛は貞盛への代替わりを機に「弘安徳政《とくせい》」と呼ばれる政策を推進する。河海の交通料の廃止や悪党《あくとう》（反幕府的な武士）の禁圧など人々の生活不安への対応に加え、裁判の迅速化や御家人以外の武士の所領安堵など御家人層の保護・拡大策がとられた点に特徴があった。しかし、急進的な改革に対し内管領《うちかんれい》（御内人の筆頭）・平頼綱《よりつな》が反発。弘安8年（１２８５）11月、頼綱が挙兵して泰盛・宗景《むねかげ》父子を自害に追い込み、上野・武蔵など各地で泰盛派の御家人が討ち取られた（霜月騒動《しもつきそうどう》）。

この事件は従来、「御家人対御内人」という構図でとらえられてきた。しかし、頼綱派も多くが御家人であり、泰盛も頼綱も得宗権力の強化をめざした点に違いはない。非御家人まで組織して幕府の基盤を広げようとした泰盛の拡大政策と、得宗と御内人を中心に従来型の御家人統制を志向した頼綱の保守的な方針が対立の根本原因だったといわれる。

Q
97

北条貞時はどのようにして「得宗専制政治」を完成させたのか？

霜月騒動ののち内管領・平頼綱が幕府の実権を握ったが、執権・貞時の成長に伴い求心力を弱めていく。永仁《えいにん》元年（1293）、鎌倉で2万人以上の死者が出た大地震の直後、頼綱は貞時の追討を受けて子の資宗《すけむね》とともに自害（平禅門《へいぜんもん》の乱）。貞時は訴訟採決の諮問機関である執奏《しっそう》の制を設けて裁判権を掌握し得宗専制政治を大きく進展させた。同4年には一門の金沢実政《かねさわさねまさ》を鎮西探題《ちんぜいたんだい》に任じて判決権を与えた。東国は幕府、西国は六波羅探題、九州は鎮西探題が裁判や行政を分担することとなり、地域密着の政治・訴訟制度が整った。

翌年、貞時は御家人が売却した所領の返還を命じる永仁の徳政令を公布する。貨幣経済の浸透や分割相続で所領を失った御家人の救済が目的だったが、名主・百姓も参加するなど各地で混乱が生じた。貞時は31歳で出家したのちも得宗として実権を握ったが、嘉元《かげん》3年（1305）、北条宗方《むねかた》が連署の北条時村《ときむら》を殺害する事件が勃発（嘉元《かげん》の乱）。以後、貞時は政務に意欲を失い41歳で死去。得宗の地位は9歳の高時《たかとき》に受け継がれた。

Q 98 なぜ、足利氏は御家人として高い地位を保ち続けたのか？

幕府草創以来の武士団が次々と粛清される中、北条氏に次ぐ御家人として命脈を保ったのが河内《かわち》源氏の名門・足利《あしかが》氏であった。下野の足利荘を領した源義国《よしくに》（義家《よしいえ》の子）の次男・義康《よしやす》を祖とし、その子・義兼《よしかね》が源頼朝の挙兵にいち早く参加したことで重用された。ちなみに、義康の兄・新田義重《よししげ》は日和見して遅参し、子孫まで冷遇されている。

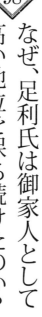

義兼が北条時政の娘・時子《ときこ》を妻にして以来、北条氏と姻戚関係を結んだことも厚遇された理由だ。歴代当主は北条氏の娘を正室に迎え、生まれた子に家督を継がせるのが慣例となる。次代の義氏《よしうじ》は上総・三河守護となり、所領は奥州・武蔵・丹波など全国に広がった。特に三河は足利氏の第二の拠点となり、吉良《きら》・今川《いまがわ》・一色《いっしき》・細川《ほそかわ》などの庶流が出た。

三浦氏の滅亡後は北条氏に次ぐ地位を固めたが、この頃から勢威に陰りがみえ始める。義氏の子・泰氏《やすうじ》は幕府に許可なく出家した罪で所領の一部を没収。北条時頼への謀反に関与し、自主的に出家したともいわれる。次の頼氏《よりうじ》は北条一門の佐介時盛《さすけときもり》の娘を妻としたが

足利氏の館跡である鑁阿寺に立つ足利尊氏の銅像（栃木県足利市）。足利氏は、将軍権力の代行者として権勢を誇った北条氏と違い、武家の棟梁となりうる源氏の血を引く家柄だった

子はできず、頼氏と宗尊親王の側近・上杉《うえすぎ》重房《しげふさ》の娘との間に生まれた家時《いえとき》も27歳で自害する。自分の代で天下が取れないことを悩み「我が命を縮めて3代で天下をとらせたまえ」と望んで自殺したともいわれるが、実際は佐介氏がかかわった陰謀事件に巻き込まれた可能性が高いという。

　家時の子・貞氏《さだうじ》と上杉清子《せいし》の間に生まれたのが高氏《たかうじ》（尊氏）である。北条氏を母とする兄・高義《たかよし》が早世したため家督を継ぎ、北条一門の赤橋登子《あかはしとうし》（最後の執権・守時《もりとき》の妹）を妻に迎えて北条氏に準じる家格を保った。河内源氏の高貴な血統と幕府内の地位の高さが、幕府滅亡後、武士の期待を尊氏に集めることとなる。

Q 99

鎌倉幕府が滅亡したのは北条高時が暗愚だったからか？

『太平記』によると、最後の得宗・北条高時《たかとき》は日夜、田楽《でんがく》（舞楽の一種）や闘犬に明け暮れたという。そのため幕府を滅亡に追い込んだ無能な政治家というイメージが強い。しかし、権力者に徳がなければ地位を保つことができないという儒教的な政道論が同書のコンセプトであり、得宗家の失政を強調する誇張も混ざっているとみたほうがいい。金沢貞顕《さだあき》の書状によると、高時は病気がちで寝起きを繰り返し、体調が良い時だけ田楽や闘犬を楽しみ、夢窓疎石《むそうそせき》ら禅僧と語り合うこともあった。文人肌の内向的な資質が政治の世界から目を背けさせたのかもしれない。御家人の窮乏や悪党の跳梁、寒冷化による生産力の低下など、幕府を取り巻く状況は厳しく、高時一人の力で立ち直せる状況ではなかった。

高時が執権になったのは14歳の時である。もっともその地位は名ばかりで、連署の金沢貞顕、内管領の長崎円喜《ながさきえんき》・高資《たかすけ》父子、妻の父・安達時顕《ときあき》らが幕政を取り仕切った。得宗家の弱体化に伴い政権は腐敗し、長崎高資は津軽の安東《あんどう》氏の内紛に介入し、紛争当事者の双

高時らが自害したとされる東勝寺跡（鎌倉市小町）の「腹切りやぐら」。幕府滅亡後、東勝寺は再興されるが戦国時代には廃寺となったという

方から賄賂をとって事態を紛糾させた。

　こうした状況の中、高時は病気を理由に24歳で出家。しかし、執権に就任した赤橋守時に実力はなく長崎父子の専横が続いた。高時はひそかに御内人・長崎高頼《たかより》らに高資の討伐を命じたが計画は露見し、逆に高頼が配流されてしまう。得宗家が主導権を握る機会は失われ、高時の権威は失墜した。

　同じ年、後醍醐天皇が笠置山《かさぎやま》で挙兵する。討幕の機運は全国に広がり、足利高氏の六波羅探題攻略に続いて、元弘《げんこう》3年（1333）5月、新田義貞が鎌倉に侵攻。高時以下、北条一族と数百名の家臣は菩提《ぼだい》寺《じ》の東勝寺《とうしょうじ》で自害し、鎌倉幕府は150年の歴史に幕を閉じたのである。

主な参考文献

●全章

『愚管抄』丸山二郎校註(岩波文庫)/『吾妻鏡』龍粛訳注(岩波文庫)/『源氏と坂東武士』野口実著(吉川弘文館)/『日本中世の歴史3　源平の内乱と公武政権』河合康著(吉川弘文館)/『大系日本の歴史5　鎌倉と京』五味文彦著(小学館ライブラリー)/『日本の歴史9　頼朝の天下草創』山本幸司著(講談社学術文庫)/『鎌倉時代　その光と影』上横手雅敬著(吉川弘文館)/『武士の日本史』髙橋昌明著(岩波新書)/『武士論』五味文彦著(講談社選書メチエ)/『中世史講義【戦乱篇】』高橋典幸編(ちくま新書)/『征夷大将軍研究の最前線』関口崇史編(洋泉社歴史新書)

●1、2章

『保元物語』岸谷誠一校訂(岩波文庫)/『平治物語』岸谷誠一校訂(岩波文庫)/『平家物語』山下宏明・梶原正昭校注(岩波文庫)/『源平闘諍録』福田豊彦・服部幸造全注釈(講談社学術文庫)/『日本中世の歴史2　院政と武士の登場』福島正樹著(吉川弘文館)/『白河法皇』美川圭著(角川ソフィア文庫)/『保元・平治の乱を読みなおす』元木泰雄著(NHKブックス)/『河内源氏』元木泰雄著(中公新書)/『源頼朝　武家政治の創始者』元木泰雄著(中公新書)/『源頼朝と鎌倉幕府』上杉和彦著(新日本出版社)/『県史22　静岡県の歴史』本多隆成・荒木敏夫・杉橋隆夫・山本義彦著(山川出版社)/『平清盛　福原の夢』髙橋昌明著(講談社選書メチエ)/『戦争の日本史6　源平の争乱』上杉和彦著(吉川弘文館)/『源頼政と木曽義仲』永井晋著(中公新書)/『平家と六波羅幕府』髙橋昌明著(東京大学出版会)/『平家の群像』髙橋昌明著(岩波新書)/『地域社会から見た「源平合戦」』歴史資料ネットワーク編(岩田書院ブックレット)/『源義経の合戦と戦略』菱沼一憲著(角川選書)/『源平合戦の虚像を剥ぐ』河合康著(講談社選書メチエ)/『謡曲　平家物語』白洲正子著(講談社文芸文庫)/『源義経』五味文彦著(岩波新書)/『平泉　北方王国の夢』斉藤利男著(講談社選書メチエ)/『別冊歴史読本　源氏対平氏』五味文彦編(新人物往来社)/『平家物語の虚構と真実』上横手雅敬著(塙新書)/『平家後抄』角田文衛著(講談社学術文庫)

●3、4、5章

『鎌倉源氏三代記』永井晋著(吉川弘文館)/『源実朝　「東国の王権」を夢見た将軍』坂井孝一著(講談社選書メチエ)/『北条義時』岡田清一著(ミネルヴァ書房)/『武家の棟梁源氏はなぜ滅んだのか』野口実著(新人物往来社)/『熊谷直実』高橋修著(吉川弘文館)
『承久の乱』本郷和人著(文春新書)/『承久の乱』坂井孝一著(中公新書)/『歴史REAL　承久の乱』(洋泉社MOOK)/『院政』美川圭著(中公新書)/『中世奇人列伝』今谷明著(草思社)/『日本中世の歴史4　元寇と南北朝の動乱』小林一岳著(吉川弘文館)/『人物叢書　北条時頼』高橋慎一朗著(吉川弘文館)/『人物叢書　北条時宗』川添昭二著(吉川弘文館)/『足利義満』佐藤進一著(平凡社ライブラリー)/『北条高時と金沢貞顕』永井晋著(山川出版社)

イースト新書Q

Q076

鎌倉幕府《かまくらばくふ》と執権北条氏《しっけんほうじょうし》の謎《なぞ》99

中丸《なかまる》 満《みつる》 著

かみゆ歴史編集部《れきしへんしゅうぶ》 編

2021年11月20日　初版第1刷発行
2022年 1 月20日　　　第2刷発行

発行人　永田和泉
発行所　株式会社イースト・プレス
東京都千代田区神田神保町2-4-7
久月神田ビル　〒101-0051
tel.03-5213-4700　fax.03-5213-4701
https://www.eastpress.co.jp/

ブックデザイン　福田和雄（FUKUDA DESIGN）
印刷所　中央精版印刷株式会社

ISBN978-4-7816-8076-7